KB149405

4차 산업혁명과
공유가치창출 경영

4차 산업혁명과 공유가치창출 경영

초판 1쇄 펴낸날 | 2020년 11월 10일

지은이 | 백삼균
펴낸이 | 류수노
펴낸곳 | (사)한국방송통신대학교출판문화원
　　　　03088 서울특별시 종로구 이화장길 54
　　　　전화　1644-1232
　　　　팩스　02-741-4570
　　　　홈페이지　http://press.knou.ac.kr
　　　　출판등록　1982년 6월 7일 제1-491호

출판위원장 | 이기재
편집 | 마윤희 · 이민
본문 디자인 | (주)동국문화
표지 디자인 | 최원혁

ⓒ백삼균, 2020

ISBN　978-89-20-03819-8　93320
값　17,000원

이 도서의 국립중앙도서관 출판예정도서목록(CIP)은 서지정보유통지원시스템 홈페이지(http://seoji.nl.go.kr)와
국가자료종합목록 구축시스템(http://kolis-net.nl.go.kr)에서 이용하실 수 있습니다. (CIP제어번호 : CIP2020045945)

4차 산업혁명과
공유가치창출 경영

백삼균 지음

에피스테메
EPISTEME

머리말

    이 책은 주주 중심 경영(shareholder management)에서 이해관계자 중심 경영(stakeholder management)으로 기업의 경영패러다임이 변화되는 과정을 역사적으로 분석하여 오늘날 자주 등장하는 공유가치창출(CSV, creating shared values) 경영까지 이르는 과정을 소개하고 있다. 더불어 이 책은 공유가치창출 경영이 4차 산업혁명으로 등장한 신기술 덕분에 실현 가능성이 과거보다 훨씬 높아졌다는 점을 제시하고 있다. 필자는 이러한 이유로 추후에 많은 기업이나 스타트업 및 예비창업자들이 새로운 사업을 시도할 때 신기술을 활용한 공유가치창출을 비전과 이념 차원에서 고려할 수 있을 것으로 기대해 본다.

    한편 이 책은 방법론적으로는 관련 저서 및 논문 등을 중심으로 하는 문헌연구방법을 이용하면서 동시에 4차 산업혁명의 핵심이 되는 신기술(블록체인, 인공지능, 사물인터넷 등)의 적용사례를 네이버 포털을 중심으로 탐색하였다. 이러한 방법으로 관련 선행 연구결과 및 조직현장의 실천사례들을 정리하고 분석함으로써 독자들이 4차 산업혁명에 적극적으로 부응하는 공유가치창출 경영에 대한 이해의 폭을 넓히도록 하였다.

구체적으로는 먼저, 기업관과 기업목표관의 변화가 필요한 근거를 논쟁적으로 다루고 그 과정에서 사회적 책임 개념이 등장하고 확대되어 가는 이유를 살펴본다. 오늘날은 사회적 책임을 별도의 개념으로 다루기보다 일상의 경영과 통합시켜 생활화해야 한다는 주장이 대세이다. 이러한 흐름에 부응하는 것이 바로 비전(vision)과 이념(philosophy)이 있는 경영이다.

사회적으로 보편타당하게 수용되고 그 정당성을 인정받을 수 있는 비전과 이념이 있는 경영은 비전과 이념을 중심으로 하는 경영이며, 비전과 이념을 경영의 기본으로 삼아 장기적 안목으로 일관되게 경영을 하는 것이다. 예를 들면, 문화경영, 지속가능경영, 가치경영, 신뢰경영 등 다양한 경영패러다임은 공통적으로 비전과 이념을 중심으로 하는 경영이다. 더 나아가 공유가치창출 경영도 비전과 이념을 중심으로 하는 경영이다.

오늘날 사회가치경영 및 지속가능경영과 더불어 공유가치창출 경영이 새로운 경영패러다임으로 자주 언급되고 있다. 그러나 이들의 본질에 대한 이해가 부족한 것이 현실이다. 또 이들이 각기 다른 것처럼 인식되기도 한다. 그러나 이들의 바탕에는 기본적으로 비전과 이념이 존재한다.

그동안 국내외에서 이루어진 공유가치창출 경영에 관한 다양한 연구와 분석 및 지침의 제시에도 불구하고 개별 기업이나 스타트업 및 예비창업자의 경우 여전히 공유가치창출 경영을 도입하는 데 한계가 있었다. 그러나 최근에는 블록체인, 인공지능, 사물인터넷과 같이 4차 산업혁명에 의해 등장한 신기술 덕분에 현실의 사회문제를 해결할 수 있는 방안이 다수 등장하여 공유가치창출 경영의 기회가 많아지고 그 실천 가능성도 더욱 높아지고 있다.

이러한 추세에 부응하여 이 책에서는 개별 기업과 스타트업 및 예비창업자들이 4차 산업혁명이라는 메가트렌드에 전략적으로 대응할 수 있도록 공유가치창출 경영의 현실적인 적용방안을 여러 사업분야의 적용사례를 통해 찾아보았다. 이를 바탕으로 보다 많은 기업 및 스타트업과 예비창업자들이 블록체인, 인공지능, 사물인터넷 등 4차 산업혁명 관련 기술로 해결이 가능해진 현실의 사회문제를 중심으로 공유가치창출을 위한 사업모델을 분야별로 수립할 것으로 기대한다.

나아가 개별 기업이나 스타트업 및 예비창업자들은 최근에 이루어지고 있는 블록체인혁명으로 널리 오픈된 플랫폼에서 제공하는 다양한 개발 관련 자료들을 이용하면, 많은 자금 투입이나 시스템 개발과정에서의 큰 어려움 없이 약간의 커스터마이징으로 원하는 사업시스템을 개발할 수 있을 것이다. 이러한 이유로 예비창업자들도 사업 초기부터 관심 있는 사회문제 해결을 도전할 수 있게 되었고, 그 결과 공유가치창출 경영의 활성화를 기대할 수 있을 것이다.

끝으로 우리나라의 기업이나 스타트업 및 예비창업자들이 공유가치창출 경영에 많은 관심을 가짐으로써 사회문제의 해결에 적극 참여하고, 그 과정에서 경제적 가치도 창출하기를 바란다.

차례

제2부 ╸ 비전과 이념이 있는 경영과 사례

제3부 4차 산업혁명과 공유가치창출 경영

제1부

기업목표와
사회적 책임

제 1 장

기업관과 기업목표관

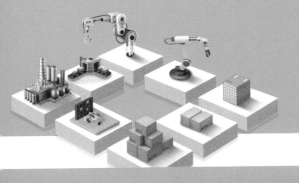

1.1. 시작하기

기업목표는 효율적인 경영관리의 우선권(priorities) 및 자원배분의 근본이 된다. 따라서 모든 기업의 핵심과제는 적절한 기업목표를 설정하는 것이다. 또한 기업목표는 현대기업의 특성에 적합하게 설정되어야 한다.

현대기업이 과거와 다른 특성을 갖게 하는 배경에는 거대기업의 출현, 전문경영자의 등장, 정부 영향의 증대, 다국적기업의 성장, 사회문제와 관련된 사회적 압력 증가의 요인이 있다. 이러한 문제에 대응하기 위해서 현대기업은 종업원, 소비자, 주주 및 일반 공중의 관심사를 고려한 다원적인 기업목표를 전략적 차원에서 설정하지 않으면 안 된다(Shetty, 1979).

현대기업은 그 특성에 적합한 기업목표를 설정해야 하며, 그렇게 하기 위해서는 현대기업의 본질과 목표의 특성을 이해해야 한다. 이러한 의미에서 이 장은 기업관과 기업목표관을 이론적으로 고찰한 다음, 경제적 목표의 본질과 수준, 그리고 비경제적 목표의 파생이유에 대해 밝히고자 한다.

1.2. 기업이론과 기업목표이론의 유형

1 기업이론의 유형

1) 전체론적 기업관과 행위론적 기업관

기업목표와 기업행동의 본질을 이해하기 위해서는 기업개념에 관한 기업이론의 유형을 살펴볼 필요가 있다. McGuire(1964)는 저서 『기업행동의 이론(*Theories of Business Behavior*)』에서 기업개념을 크게 두 가지 유형으로 구분하였다. 즉, 기업개념의 한 유형은 전체론적 개념(holistics concepts)이며, 다른 한 유형은 행위론적 개념(behavioral concepts)이다. 전자는 단일목표론(single gole theory)으로서 이윤극대화(profit maximization)를 기업목표로 보는 관점이다. 이와 달리 후자의 기업개념은 다원목표론(multi-goal theory)을 지향하는 기업의 조직론적 개념(organizational concept of the firm)이다. 이것은 기업 그 자체보다 기업구성원의 독자성을 존중하는 사고방식이다. 따라서 후자의 조직론적 기업이론에 의하면, 기업은 전자의 극대이윤의 원리와 대조적인 만족이윤의 원리에 따라 행동을 하게 된다.

이 두 가지 유형의 기업이론이 각각 어떠한 특징을 갖고 있는지 구체적으로 살펴보면 다음과 같다.

(1) 전체론적 기업관

전체론적 기업개념에 따를 때 기업목표와 기업행동의 특성은 다음과 같이 설명할 수 있다.

① 기업 내의 개인행동보다 기업 그 자체의 행동을 강조한다.
② 기업은 사전에 결정된 합리적인 행동패턴을 가지고 있다고 가정한다.
③ 기업은 명확한 단일목표를 설정하고 있다.
④ 외부환경이 기업의 행동을 필요로 한다.

(2) 행위론적 기업관

행위론적 기업개념에 따라 기업목표와 기업행동의 특성은 다음과 같이 설명할 수 있다.

① 행동하는 것은 기업 그 자체가 아니라 기업 내의 개인이라고 가정한다.
② 행동과정을 음미할 때 적어도 행위자 각각의 인식, 지각, 신념, 지식 등을 고려해야 한다.
③ 기업의 목표는 다양하게 설정되는 경향이 있다.
④ 행동은 환경요인에 의해서 규정됨과 더불어 행위주체의 개성에 의해서도 규정된다.

McGuire(1964)의 두 가지 유형의 기업개념의 특성을 요약하면 〈표 1〉과 같다.

〈표 1〉 전체론적 기업관과 행위론적 기업관의 특성

내용 / 유형	전체론적 기업개념	행위론적 기업개념
기업목표	단일목표	다원목표
행위주체	기업 그 자체	기업구성원
행위양식	순수합리적	제한된 합리적
환경관계	환경이 지배	개인의 주체성도 있음
기본이론	기업경제이론	일반조직이론
목표수준	극대화의 원리	만족화의 원리

이상에서 보듯이 극대이윤의 기업경제이론은 전체론적 기업관의 기초이론이 되고 있으며, 만족이윤의 원리를 지향하는 일반조직이론은 행위론적 기업관의 기초이론이 되고 있다. 따라서 행위론적 기업관은 조직론적 기업관이라고도 할 수 있다.

만족이윤의 원리를 지향하는 조직론적 기업관이 행위론적 기업관에 속하는 것은 조직론적 기업관의 공통적인 특성을 살펴보면 명백해진다. 조직론적 기업개념에서 공통적인 특성을 살펴보면 다음과 같다.

① 기업은 개인과 복잡한 관계를 갖는다.

② 전통적인 엄격한 합리성을 버리고 제한된 합리성으로 대치한다.

③ 기업은 생존목표를 갖는 안정적·사회적·경제적 조직이다.

조직론적 기업관의 이 3가지 특성은 앞서 살펴본 행위론적 기업관의 특성과 일치한다.

2) 전통적 기업관, 모체적 기업관, 중도적 기업관

Eells(1960)는 기업관을 3가지 유형으로 구분하였는데, 바로 전통적 기업관(traditional corporation), 모체적 기업관(the metro corporation, mother corporation), 중도적 기업관(the well-tempered corporation)이다. 이 중에서 전통적 기업관과 모체적 기업관은 목표관과 인간관에서 서로 대조되는 극단적인 모형이다. 그리고 중도적 기업관은 현실적으로 보다 타당성 있는 양자의 절충적인 입장, 즉 중용의 입장에 있다.

기업목표관에서 전통적 기업관은 단일목표론을 강조하며, 극대이윤의 원리가 특징이다. 이와 대조적으로 모체적 기업관은 다원목표론을 강조하며, 비경제적 목표를 우위로 생각하는 기업관이다. 한편 인간관의 경우 전통적 기업관이 경제인적 인간을 강조하고 있는 것과 달리 모체적 기업관에서는 전인적 인간을 지향하고 있다. 이상의 두 가지 기업관의 목표관과 인간관의 대조적 특징을 요약하면 〈표 2〉와 같다.

〈표 2〉 전통적 기업관과 모체적 기업관의 특성

내용 / 유형	전통적 기업관	모체적 기업관
목표관	단일목표(극대이윤)	다원목표(비경제적 목표우위)
인간관	경제인적 인간	전인적(복합적) 인간

이와 같이 대조적인 특성을 갖고 있는 전통적 기업관과 모체적 기

업관, 그리고 절충적인 입장을 취하는 중도적 기업관의 특성을 구체적으로 알아보면 다음과 같다.

(1) 전통적 기업관

Eells가 전통적 기업관으로 분류한 기업개념의 특성을 목표, 대주주, 대종업원의 관점에서 살펴보면 다음과 같다.

① 단일목표론

일반적으로 집단의 성격은 그 목표에 의해서 규정된다. 따라서 전통적 기업관에서 볼 때 기업의 특성은 기업의 목표에 의해서 규정된다고 할 수 있다. 전통적 기업관에서 기업목표는 단일목표이고, 그 내용은 이윤이며, 그 수준은 극대화이다. 즉, 이윤극대화를 유일한 목표로 간주한다는 점이 전통적 기업관의 특징이다.

이윤극대화라는 단일목표를 취한다는 것은 기업을 주주의 수단으로 간주한다는 것이며, 따라서 기업은 주주에게만 봉사하는 존재가 된다. 다시 말해 전통적 기업관에서는 다수의 이해관계자 중 오직 주주에게만 충성하는 기업을 상정할 수 있다.

② 경제인적 인간관

기업은 주주의 목적을 위한 수단이며, 이윤극대화를 목표로 하는 전통적 기업관에서는 경제인적 인간관을 전제하고 있다. 이러한 전제하에 경제인적 인간, 즉 순수합리성을 갖는 인간은 기업소유자의 순수한 지분을 증가시키기 위해 기업자산을 엄격하게 운영한다. 그 결과 기업의 극대이윤이 추구될 수 있으며, 주주를 위한 극대이윤의 추구가 기업의 유일한 합법적 기능이 된다.

요컨대 전통적 기업관에서 기업은 사유재산권자인 주주의 조직적 수단에 불과하며, 주주를 위한 극대이윤의 추구는 경제인적 인간관에 의존함으로써 가능하다.

(2) 모체적 기업관

Eells가 전통적 기업관이라는 하나의 극단적 기업관에 대비하여 분류한 또 다른 극단적 기업관이 모체적 기업관이다. 모체적 기업관의 특성을 알아보면 다음과 같다.

① 다원목표론

전통적 기업관의 목표가 단일목표인 것에 비하여 모체적 기업관은 다원목표를 강조한다. Eells가 모체적 기업관에서 주장하는 다원목표론은 두 가지 의미를 포함하고 있다. 하나는 주체의 다수성이며, 다른 하나는 내용의 다양성이다. 즉, 다원목표를 주체 면에서 볼 때 기업에의 공헌자 또는 요구자가 다수 있으며, 그러한 다수의 주체에게 봉사할 필요가 있기 때문에 목표가 다원화된다는 것이다. 한편 다원목표를 내용 면에서 볼 때 경제적 목표와 비경제적 목표와 같이 다원화된다.

요컨대 모체적 기업관에서 기업은 다수 이해관계자의 이익을 보호하기 위한 존재가 된다. 이러한 모체적 기업관의 특성은 주주의 이익만을 위해서 봉사하는 전통적 기업관과 대조되는 점이다.

② 전인적 인간관

전통적 기업관에서는 경제인의 사고가 기본배경이 되고 있지만 모체적 기업관은 전인적 인간관(a whole man)을 그 사고방식으로 취하고 있다. 따라서 모체적 기업관에서 인간은 순수합리성보다는 제한된 합리성에 의존하며, 더불어 감정적 측면도 고려한다. 그 결과 모체적 기업관에서 기업의 공헌자 각각은 이성과 감성을 동시에 갖는 존재, 즉 경제적 욕구와 감정적 욕구를 갖는 중요한 존재가 되며, 기업의 관리자는 기업의 다양한 이해관계자의 경제적·비경제적 이익을 보호하는 역할을 수행하게 된다. 이것은 경제인적 사고를 지향하는 전통적 기업관이 주주 이외의 이해관계자를 단순한 경제인으로서 소홀히 하고, 주주의 경제적 목적 달성을 위한 수단으로 취급하는 것과 대조되는 특성이다.

이상에서 보았듯이 전인적 인간관을 취함으로써 모체적 기업관은 다양한 요구자의 요구 간에 균형을 강조하고, 더 나아가 단순한 경제적 요구뿐만 아니라 비경제적 요구까지 조화시키게 되었다.

한편 여기서 강조되는 전인적 인간관은 다름 아닌 복잡한 인간관(complex man) 그 자체이다.

(3) 중도적 기업관

Eells가 분류한 중도적 기업관은 양극단의 성격을 가진 전통적 기업관과 모체적 기업관 사이에서 중도적인 입장을 취하는 것이며, 이 두 기업관의 모순을 현실적으로 극복하기 위해 탐색적으로 설정한 기업관이다.

주주에 대한 봉사만 생각하고 목표를 이익극대화에 한정하는 전통적 기업관을 취하는 기업은 비현실적인 기업이 되고 결국 사라지게 될 것이다. 광범위한 다원목표를 수용하는 모체적 기업관을 취하는 기업 역시 경쟁경제에 있어서 재화와 용역의 효율적인 생산·공급을 통하여 이익을 얻는 기능을 상실하게 된다는 모순이 발생한다. 요컨대 전통적 기업관은 그 목표의 단일성 때문에 생존력을 갖지 못하고, 모체적 기업관은 그 목표의 다원성 때문에 사기업성을 잃어버리게 된다.

이와 같은 모순을 극복하기 위해서 등장한 것이 중도적 기업관이다. 중도적 기업관에서 기업목표는 전통적 기업관처럼 주주의 이익만 중시해서 사회적 기능을 무시하거나, 모체적 기업관처럼 사회적 기능을 지나치게 광범위하게 포괄하지 않는다. 중도적 기업관에서 기업목표는 다원목표이며, 그 내용은 경제적인 것과 비경제적인 것으로 이원화된다. 여기서 경제적 목표란 이윤목표이며, 비경제적 목표란 이해관계자의 이익에 대한 봉사이다.

이상에서 보듯이 중도적 기업관에서 기업목표는 전통적 기업관처럼 단일목표로서 이윤목표이거나 이윤목표 상위의 다원목표도 아니고 모체적 기업관처럼 비경제적 목표(사회적 목표) 상위의 다원목표도 아니며, 이윤목표로서 경제적 목표와 사회적 목표로서 비경제적 목표 양쪽 모두 존중하는 것이 특징이다.

이 3가지 기업관의 특성을 요약하면 〈표 3〉과 같다.

유형 / 내용	목표의 수	목표 간의 관계
전통적 기업관	단일목표	경제적 목표의 우위
모체적 기업관	다원목표	비경제적 목표의 우위
중도적 기업관	다원목표	경제적 목표와 비경제적 목표의 병존

2 기업목표이론의 유형

전통적으로 기업은 경제적인 화폐적 동기를 갖는 의도적인 사회조직이라고 간주되어 왔다. 이것은 일련의 목적이나 목표가 기업의 사업계획 일부로서 또는 기업구성원의 개인적 모티베이션이나 과거의 역사를 통해 확인할 수 있다는 것을 뜻한다.

전통적인 기업의 성공척도는 이윤이었고, 그것은 기업을 정부, 교회, 군대, 기타 비영리조직 같은 다른 형태의 사회조직과 구별하는 척도였다(Ansoff, 1965).

기업은 의도적 조직이며, 기업의 행동은 확인 가능한 결과적 목표나 목적을 지향하고 있다. 따라서 기업 내에서 목표가 명확해야 하며, 이때의 목표는 성과평가, 통제 및 조정에서 도구로 이용된다. 이처럼 기업의 목표는 전체적인 관리과정에 관한 통합적 견해를 위한 근거로 사용된다.

이상과 같은 기업목표의 역할이나 기능의 중요성에 비추어 볼 때 기업목표를 명백히 설명할 수 있는 이론이나 연구는 의미 있다. 지금부터는 기업목표를 연구하는 여러 관점을 알아보고, 이 중 철학적 관점에서의 기업목표이론을 살펴본다.

1) 기업목표연구의 제 관점

기업목표를 연구하는 관점은 철학적 관점, 역사적 관점, 시스템적 관점의 3가지 흐름으로 구분할 수 있다. 각각에 대해 간단히 살펴보면 다음과 같다.

(1) 철학적 관점

기업이 어떠한 목표를 추구해야 하는가에 대한 답을 얻는 방법 중 하나가 철학적 관점에서 기업목표를 연구하는 것이다. 즉, 기업 내의 윤리적·미학적·경제적 가치와 사회·정치·경제적 환경의 연구를 통해서 전술한 질문에 대한 철학적인 대답이 가능하다. 이 경우 그 대답은 기업의 역할과 목표가 근대사회에서 어떠한 것이어야 하는가로 집약된다.

철학적 관점에서 기업목표를 연구하는 데에는 3가지 흐름이 있는데, 바로 경제적 관점, 관리론적 관점, 통합적 관점이다. 각각의 흐름은 뚜렷한 장점을 나름대로 가지고 있으나 어느 것도 다른 것에 대한 비교우위를 점하지 못하고 있다.

(2) 역사적 관점

기업이 어떠한 목표를 추구해야 하는가에 대한 또 하나의 응답은 기업목표에 대한 역사적인 연구를 통해 가능하다. 이제까지 기업에서 사용된 기업목표와 그들이 어떻게 변화되어 왔느냐에 대한 역사적 분석을 통해 기업이 추구해야 할 목표를 발견할 수 있다는 것이다.

그러나 기업에서 명백한 목표를 사용한 것이 비교적 최근의 관리기법부터이기에 기업목표에 대한 역사적 연구는 현실적으로 어렵다. 따라서 현재의 기업관행에 대한 조사 외에는 이러한 방향에서의 연구는 거의 없다.

(3) 시스템적 관점

기업이 어떠한 목표를 추구해야 하는가에 대한 세 번째 응답은 시스템적 관점이다. 시스템적 관점에서 기업목표의 연구는 현행의 기업관행과 관련될 수 있는 목표의 시스템을 구성하는 것이다. 다시 말해 기업의 다원목표 간의 체계적인 계층관계를 설정하는 연구방법이다.

이러한 관점에서는 장기적인 이윤추구가 기업에서 핵심문제가 되고 있다는 가정에서 출발하여 기업관행에서 일반적으로 사용되는 성과기준과 개별적으로 관련될 수 있는 목표의 시스템을 구성한다.

2) 기업목표의 철학적 관점

앞서 언급한 것처럼 기업이 어떠한 목표를 추구해야 하는가에 대한 철학적 관점은 3가지 흐름으로 나눌 수 있다. 경제적 관점, 관리론적 관점, 통합적 관점이 그것이다.

경제적 관점(economic point of view)은 미시경제이론을 배경이론으로 삼고 있는데, 기업의 본질에 따라 기업목표는 이윤극대화라는 단일목표로 결정된다.

그리고 관리론적 관점(managerialist point of view)은 일반조직이론 또는 이해관계자이론이 그 배경이론이 되고 있으며, 다양한 이해관계자의 이익을 보호하기 위한 경영자의 역할이 다원목표의 결정으로 귀착된다.

통합적 관점은 경제적 관점과 관리론적 관점을 통합하면서 기업목표의 결정에서 이해관계자들 간의 합의과정을 강조하는 것이 특징이다. 따라서 관리론적 관점과 마찬가지로 다원목표를 지향하고 있으나 그 목표의 결정방법에서 차이가 나타난다. 즉, 관리론적 관점에서는 다원목표의 결정에서 주체가 되는 자가 최고경영자이지만, 통합적 관점에서는 이해관계자들 간의 직접적인 합의를 강조하는 Cyert와 March(1963)의 기업의 행동이론(behevioral theory of the firm)에서 그 기초를 구하고 있다.

이상에서 살펴본 기업목표의 철학적 관점들의 특성을 요약한 것이 〈표 4〉이다.

〈표 4〉 기업목표의 철학적 관점

관점 / 내용	배경이론	목표의 수	목표의 결정방법
경제적 관점	미시경제이론	단일목표	기업의 본질에 따른 목표
관리론적 관점	이해관계자이론 (일반조직이론)	다원목표	최고경영자에 의한 조정
통합적 관점	기업의 행동이론	다원목표	이해관계자들 간의 합의

(1) 경제적 관점

전통적으로 기업은 경제적 기관(economic institution)으로 간주되어 왔다. 경제적 기관으로서 기업은 사회가 요구하는 재화와 용역을 효율적으로 생산하여 사회에 제공하는 과정에서 이윤을 추구하는 실체가 된다. 이러한 관점에서 기업의 독특한 능률의 측정척도로 이윤이라는 개념이 등장하였으며, 이윤추구나 이윤극대화는 자연적이고 유일한 기업목표(the natural single business objective)로 간주되었다.

그러나 이러한 기업목표는 기업이론 차원에서 논란의 여지가 많은 이슈 중 하나이다. 어떤 학자들은 이윤을 기업 내의 핵심동기라는 위치에서 끌어내려 주주에 대한 동등한 책임, 장기적인 생존, 또는 기업의 참가자들 간의 협상된 합의(negotiated consensus)와 같은 원리로 이윤목표를 대체하고자 시도한다. 또 어떤 학자들은 이윤을 비도덕적이며 사회적으로 용납될 수 없는 기업목표라고 매도하기도 한다. 이처럼 이윤에 대한 다양한 의견이 제시된 데에는 몇 가지 이유가 있다.

첫째, 기업이 보유하고 있는 자원과 관련하여 장기적 요구와 단기적 요구 간에 갈등이 점차 늘어났기 때문이다. 18세기와 19세기 동안, 즉 기술이 제품연구와 자본·설비의 수요에 대한 장기적인 기대를 필요하게 만들기 전에는 단기적인 이윤추구를 기업의 성공기준으로 사용하는 것이 적절하게 여겨졌다. 그러나 20세기에 들어와 급속한 기술유입과 자본·설비의 수요가 증가하면서 장기적인 문제들에 관심을 갖게 만들었다. 이러한 상황에서 만약 단기적 이윤추구가 기업의 주요한 성과기준으로 계속 남아 있는다면 장기간에 걸쳐 수행되어야 하는 프로젝트에의 투자는 소홀해질 것이고 그 결과 장기적 관점에서 기업의 생존은 위협을 받을 것이다. 따라서 기업이 생존하기 위해서 기업목표의 개념은 장기적 관점을 지향하도록 확대되어야 한다.

둘째, 기업의 미시경제이론, 즉 이윤극대화라는 19세기의 기업목표개념을 발생시킨 이론은 두 가지 이유로 이상에서와 같은 기업목표개념의 확장을 수용할 수 없다는 것이다. 먼저, 미시경제이론은 성공적인 균형과 관련된 안정상태의 이론이기 때문에 단기와 장기의 차이를 처리할 수 없다. 그리고 미시경제이론은 현재 이윤에 대한 투자와 본래 수익에 대한 투자 간의 거래를 인식하지 못하고 있다.

한편 경제이론에서 극대이윤은 증가하는 비용(incremental cost)이 증가하는 수익(incremental revenue)과 균형을 유지할 때 도달한다. 여기에는 기업에서 이용하는 자원은 임의로 조정될 수 있고, 최적수준의 매출액을 유지하는 데 필요한 양으로 신축적일 수 있다는 가정이 함축되어 있다. 그러나 실제로 기업은 이 가정처럼 자원을 유연하고 신축적으로 조절할 수 없으며, 그것이 가능하다 하더라도 많은 비용이 수반된다는 점에서 비현실적인 가정이다.

요컨대 실제 기업에서 중요한 것은 자원기반이 임의로 조정될 수 있다는 가정에 입각해 수익을 극대화시키는 것보다 이용 가능한 자원을 효율적으로 활용하여 가능한 한 최대의 수익을 얻는 것이다.

이와 같은 이유로 최근에 많은 경제학자와 경영학자들은 기업의 순현가의 극대화, 기업의 시장가치의 극대화, 장기이윤의 극대화 같

은 기업목표들을 단기적인 이윤극대화에 대한 대안으로 제시하고
있다.

(2) 관리론적 관점

이윤극대화를 단일의 기업목표로 간주하는 경제적 관점에서 관리
론적 관점으로의 전환은 Drucker(1977)에 의해서 이루어졌다. 그에
따르면 생존(survival)이 기업의 핵심목표가 되고 있으며, 기업은 생
존하기 위해서 일련의 다원목표를 추구해야 한다. 또한 그는 이러한
다원목표 중 하나로 적절한 이윤추구가 포함되어 있지만, 단기적이
든 장기적이든 간에 이윤극대화는 현대기업의 목표로 부적당하다고
주장한다.

극대이윤의 개념이 지닌 결함에서 오는 문제점들은 사회적 기관
(social institution)으로서 기업의 중요성이 커짐에 따라 더욱더 심화
된다. 19세기의 기업활동에 대한 공중의 분노에 반응하여 기업은
일반사회와 특정 기업의 참가자들에 대한 책임을 맡게 되었다.
Abrams(1951)도 다양한 이해관계자집단, 즉 주주, 종업원, 고객, 일
반공중 같은 집단의 요구 사이에서 공정하고 실질적인 균형을 유지
해야 할 기업의 책임에 관해 언급하고 있다.

비록 목표와 책임이 동일한 개념은 아니지만, 기업목표의 이해관
계자이론 입장에서 목표와 책임은 동일한 개념이 될 수 있다. 기업
목표의 이해관계자이론에 따르면 기업목표는 기업의 여러 이해관계
자들(stakeholders), 즉 경영자, 주주, 종업원, 공급자, 판매자 같은
이해관계자들 간에 상충되는 요구를 균형 있게 조정함으로써 도출

되어야 한다고 주장한다. 즉, 기업은 이 모두에게 책임이 있으며 각 각에게 어느 정도의 만족을 주도록 목표의 윤곽을 정해야 한다는 것이다. 예컨대 주주의 투자수익이 되는 이윤이 그러한 만족 중 하나이다. 그러나 주주의 만족이 다원적인 목표구조 속에서 특별한 우선권을 갖고 있지 않다는 점에서 기업목표의 관리론적 관점은 경제적 관점과 다른 특성을 갖는다.

관리론적 관점은 미시경제이론에 철저한 비판을 가하면서 생성된 기업목표관이며, 그것도 다원목표론으로서 이해관계자이론에 근거를 둔 기업목표관이다. 한편 관리론적 관점에서의 다양한 이해관계는 경영자에 의해서 조정된다.

(3) 통합적 관점

기업목표에 관한 경제적 관점의 배경이론이 되는 미시경제이론을 비판하는 입장과 기업윤리적 입장에서 제시된 관점이 관리론적 관점이었다. 관리론적 입장에서 여러 사람들이 경제적 관점에서의 기업행동을 대체할 수 있는 대안을 많이 제시하였지만, 어느 누구도 기업목표와 행동의 결정에 대한 실질적 지침을 주지는 못하였다. 이러한 면에서의 실질적인 진전은 Cyert와 March(1963)의 기업의 행동이론에서 이루어졌다. 이들은 관리론자들의 견해와 같이 조직은 목표를 갖고 있지 않으며, 오직 인간만이 목표를 갖고 있다고 주장한다. 그러므로 기업의 목표는 실제로 영향력 있는 참가자들의 목표에 대한 협상된 합의이다.

이러한 점에서 Cyert와 March의 견해는 관리론자들과 차이를 보이고 있다. 즉, 관리론적 관점에서는 다양한 이해관계가 최고경영자에 의해서 조정이 가능한 것으로 간주되지만 Cyert와 March에 의하면 참가자들 간의 합의에 의해서 기업목표가 정해진다. 이와 같은 차이점을 제외하면 관리론적 관점의 이해관계자이론은 기업의 행동이론에서 그 핵심적 특성을 도출할 수 있다.

한편 Cyert와 March는 기업목표의 결정에서 중요한 역할을 하는 합의가 참가자들의 협상으로 나오며, 그들의 지위권력이나 외부 기업환경의 변화로 기존 합의가 불안정해지면 재협상을 통해 새로운 합의에 이른다고 하였다.

이상과 같은 Cyert와 March 이론의 의의는 의사결정과정에서 경제적 변수들과 관리론적 변수들을 수용함으로써 경제적 관점과 관리론적 관점에 대한 공통체계를 처음으로 제시했다는 점에서 찾을 수 있다. 이러한 점에서 Cyert와 March의 기업의 행동이론을 바탕으로 한 기업목표관을 통합적 관점(integrative view of point)이라고 부를 수 있다. 이 통합적 관점에서 경제적 관점에서의 기업목표와 관리론적 관점에서의 기업목표를 설명할 수 있게 된다.

예컨대 여러 참가자 중 주주의 지위권력이 아주 강한 경우에는 이윤극대화라는 단일목표가 결정될 수 있고, 경영자의 지위권력이 아주 강한 경우에는 경영자가 여러 참가자들의 이해관계를 조정할 수 있다는 논리를 상정할 수 있으며, 이에 따라 경제적 관점과 관리론적 관점에서의 기업목표의 결정을 설명하게 된다.

이와 같은 통합적 관점에서 볼 때 현대기업은 다음의 전제에 기초를 둔 목표시스템(system of objectives)을 개발할 필요가 있다.

① 기업은 전체적인 자원전환과정의 능률을 최적화시키는 것을 목적으로 하는 경제적 목표와 기업참가자들의 개별적 목표 간 상호작용의 결과인 사회적 · 비경제적 목표를 보유하고 있어야 한다.

② 대부분의 기업에서 경제적 목표들은 기업의 행위에 중대한 영향력을 행사하고 있으며, 기업의 통제를 위해서 관리에 의해 이용되는 명백한 목표의 주요 시스템의 일부로 구성되어 있다.

③ 기업의 핵심목표는 기업 내에서 이용되는 장기적인 자원수익을 극대화시키는 것이다.

④ 사회적 목표는 관리행위에 대해 이차적으로 변형하고 제한하는 영향을 미친다.

1.3. 경제적 목표의 본질과 수준

1 경제적 목표의 본질

기업의 경제적 목표로서 이윤은 기업확장을 위한 내부자금을 조달해 줄 수 있을 뿐만 아니라 외부자금이 필요할 때 자금조달을 용이하게 해 주는 수단이 된다. 이처럼 이윤을 통한 기업의 내부확장이나 기업합병은 기업이 성장하는 방법이고, 성장은 규모에 이르는 길이 된다. 이윤이 비록 궁극적인 목표는 아닐지라도 궁극적인 목표에 이르는 수단이 되는 것이다. 따라서 이윤은 주식회사기업의 성공의 측정척도가 되고 있다.

현실의 경제세계에서 기업은 도태될 수도 있고 성공적으로 부상할 수도 있다. 따라서 기업의 최상의 지도원리는 가능한 한 성공적인 기업으로 남아서 정상을 차지하는 것이다. 여기서 극대이윤의 필요성이 생긴다. 일단 금융력을 증대시키고 성장을 가속화하기 위해서 투자할 필요가 있다.

이상과 같은 기능과 역할을 수행하는 경제적 목표의 본질을 자본의 논리에 비추어 살펴본 다음 사회구조적 기업의 관점에서 고찰하도록 하겠다.

1) 자본의 논리와 경제적 목표

개인자본가가 주식회사자본가로 대체됨으로써 자본가기능의 제도화가 이루어졌지만 그 본질은 변하지 않았다. 여기서 자본가기능의 본질이란 축적이며, 자본축적은 자본주의체제의 추진력이 되고있다. 따라서 오늘날의 거대 주식회사는 과거의 개인기업가와 마찬가지로 이윤을 극대화하고 자본을 축적하는 기관이라고 결론을 내릴 수 있겠다.

거대 주식회사로서 현대의 기업은 자본의 소유자에 의해서 지배되지는 않으나 자본의 논리에 의해서 강제되는 이윤추구의 필요성으로부터 벗어날 수는 없다. 왜냐하면 기업은 자본주의체제의 근간이 되는 제도이고, 따라서 자본주의적 기업의 행동에 관한 이론이나 가설은 어디까지나 자본의 논리에 의해서 추출되어야 하기 때문이다.

현대기업이 구조나 기능 면에서 전통적 기업과 상이한 특성을 갖고 있다 할지라도 그것은 본질의 변화가 아니라 외면적 변화에 불과하다. 즉, 독립적 대기업이 법인의 형태를 취하거나 형식적 소유권자인 주주가 다수가 된다 하더라도 자본운동의 논리가 관철된다는 점에는 하등의 변화가 없다. 다만 기업의 구조·기능상의 변화에 따라 비경제적 목표가 본질적인 경제적 목표에 우선하는 것처럼 표현하고 있을 뿐이다.

자본은 스스로를 증식시키는 가치이다. 즉, 이윤을 낳지 못하면 자본으로서의 기능은 상실된다. 기업이 현실적으로 경제에 대처하고 노동을 통제하기 위해서는 축적된 이윤이 필요하다. 자본의 논리에 따라 축적된 이윤의 양이 많으면 많을수록 좋다는 것은 두 말할 나위도 없다. 그러므로 사적자본의 존재 형태인 기업의 목적은 당연히 이윤, 구체적으로는 극대이윤의 추구가 될 수밖에 없다. 현대의 독점적 대기업도 사적자본임에는 틀림 없다는 점에서 이런 기업의 목표는 현대의 대기업 또는 기업집단에도 그대로 적용된다.

그러나 기업의 목표에서 자본주의 초기의 개인기업이나 오늘날의 독점적 대기업이 동일하다 하더라도 그 목표를 추구해 가는 구체적인 방법에 차이가 있을 수 있다. Baran과 Sweezy(1979)는 이러한 차이로 두 가지를 제시한다. 첫째, 현대의 대기업은 보다 장기적인 관점을 갖는다. 둘째, 현대의 대기업이 더 합리적인 계산자이다. 현대의 대기업이 개인기업에 비해 장기적인 관점을 지향하는 이유는 법률상 법인의 형태를 띠고 있기 때문만이 아니라 계속기업(going concern)으로 유지·성장을 계속하느냐 못하느냐에 따라 기업이 소유한 자산가치가 다르게 평가되기 때문이다. 또한 현대의 독점적 대기업이 보다 합리적으로 이윤추구를 할 수 있는 이유는 대기업이 분업체계에 의해 많은 전문요원을 조직 내부에 보유해서 상세한 정보자료를 활용할 수 있기 때문이다. 그러나 현대의 대기업들도 결코 완전한 정보를 갖지 못한다는 점에서 현실적으로는 극대이윤이 아닌 주어진 상황에서 달성 가능한 이윤의 최대한의 증가를 추구한다고 본다.

2) 사회구조적 분업의 논리와 경제적 목표

사회구조적 분업의 논리에 비추어 볼 때 기업은 경제적 기능을 부여받은 구조적 단위이다. 사회가 요구하는 재화와 용역을 효율적으로 생산하여 제공하는 역할이 기업에 부여되어 있다는 것이다. 따라서 사회의 하위시스템으로서 기업은 사회가 요구하는 모든 것을 담당해야 하는 것이 아니라 자기 본연의 기능, 즉 경제적 기능에만 충실하면 된다는 것이다.

이 논리에 따르면 복지나 사회개발 같은 영역은 기업의 임무가 아니다. 기업은 재화와 용역의 효율적인 생산·배분과정에서 이윤을 추구하는 사회단위이고, 노조는 구성원의 경제적 보상과 직무상의 안정을 확보해 주는 사회단위이며, 정부는 복지증진의 주체가 되는 사회단위이다. 이러한 논리가 다원사회(pluralistic society)의 사고방식이다. 만약 사회구조적 단위 간에 기능이 분화되어 있지 않으면 모든 점에서 결합해 버리고 결국 단일사회(monolithic society)로 퇴행되고 만다.

Leavitt(1958)는 사회구조적 분업의 논리가 적용되는 다원사회의 사고방식이 자본주의체제의 근간이 되고 있음을 지적하면서 궁극적으로 기업의 근간이 되고 있는 자본주의체제의 유지 및 존속을 위해서도 사회 전체에 요청되는 여러 가지 기능을 분업화시키라고 한다. Leavitt의 주장에 의하면 기업의 경영자는 기업 본래의 임무, 즉 사회구조적 분업화에 의해서 부여받은 경제적 기능에 충실해야 한다. 여기서 기업 본래의 임무란 재화와 용역의 효율적인 생산·배분과정에서 추구되는 이윤을 통해 존속하는 것이다. 따라서 Leavitt는 기업이 이윤을 추구하는 것은 바람직하며, 이것이 자본주의의 규칙이라고 말한다.

이러한 취지에서 볼 때 기업의 비경제적 목표는 기업의 경제적 기능에 부수적인 것이며, 경제적 목표의 달성을 제한, 수정 또는 보완, 저지하는 제약조건에 불과하다고 할 수 있다. 즉, 기업의 본질은 경제적 성과를 거두는 데 있고, 비경제적 성과를 추구하기 위해서라도 경제적 성과로서 이윤을 추구하고 지속적으로 생존해야 한다.

2 경제적 목표의 수준

앞서 살펴본 것처럼 기업의 본질은 동일하나 기업의 외면적 특성은 변화되어 오고 있으며, 그 결과 이윤으로 대표되는 기업목표인 경제적 목표의 내용에 변화가 없다 하더라도 그 수준에서는 변화가 일어나고 있다.

경제적 목표의 수준에 대해서는 두 가지 원리가 대립하고 있는데, 극대이윤의 원리와 만족이윤의 원리가 그것이다. 극대이윤의 원리는 단일목표론에서 강조되고 있으며, 만족이윤의 원리는 다원목표론에서 강조되는 목표수준의 원리이다. 다원목표론에서 이윤목표라는 경제적 목표가 부정되는 것이 아니다. 다원목표론에서의 경제적 목표는 내용에서는 단일목표론과 동일하다. 다만 그 수준에서 극대이윤의 원리가 아닌 만족이윤의 원리를 따를 뿐이며, 다양한 목표 중 하나로서 여전히 존재하고 있다. 다원목표론에서의 이윤목표인 경제적 목표는 여타 비경제적 목표와 더불어 추구되어야 하기 때문에 극대이윤이 아닌 만족이윤을 추구하는 것이다.

〈표 5〉 극대이윤의 원리와 만족이윤의 원리

내용 / 원리	극대이윤의 원리	만족이윤의 원리
목표의 수	단일목표론	다원목표론
목표의 내용	경제적 목표	경제적 목표와 비경제적 목표
목표의 수준	최대화	만족화
목표의 전제	순수합리성	제한된 합리성

이제부터는 경제적 목표의 수준으로서 극대이윤과 만족이윤의 근거를 살펴보도록 하자.

1) 극대이윤의 원리와 근거

극대이윤의 원리는 초기 자본주의하에서 인정된 기업목표로, 사적이익과 공적이익이 조화된다는 전제에서 개별기업은 극대이윤의 추구에만 전념하도록 허용되었다. 그리고 그렇게 추구된 이윤은 자본가에게 전적으로 귀속하며, 노동자는 자본가에게 종속되는 입장에 있었다. 실제로 극대이윤의 추구는 주어진 상황에서 가능한 이윤의 최대증가의 추구이다. 여기에는 오늘의 이윤기회의 이용이 내일의 이용을 파괴해서는 안 된다는 조건이 뒤따른다. 이러한 점에서 중요한 경제이론의 지주가 되고 있는 절약의 행동유형을 확인할 수 있다.

경제적 목표의 수준으로서 극대이윤의 원리가 인정된 근거를 역사적 관점에서 찾아보면 다음과 같다.

(1) 자본가의 우위

이윤목표가 유일한 기업목표로 허용되었던 시기는 초기 자본주의 시대였다고 볼 수 있다. 고전파 경제학이 대상으로 했던 이 시기에는 자본가가 노동자에 대해 단연 우위를 점하고 있었다. 그 결과 기업은 오로지 자본가의 목표만을 위해서 봉사하는 것으로 여겨졌고, 노동자는 자본가에 종속되는 입장이었다. 이러한 사고방식이 그 시대의 사회에서는 바람직한 것으로 용인되었던 것이다.

이와 같은 초기 자본주의의 시대적 배경에 비추어 볼 때 기업의 목표는 자본가의 목표, 즉 이윤극대화가 될 수밖에 없었다. 현재에도 이윤극대화가 유일한 최선의 기업목표라고 주장하는 사람이 많은 것은 초기 자본주의하의 기업목표의 특성을 고려해 볼 때 당연한 주장일 수 있다. 왜냐하면 현대사회 역시 기본적으로 자본주의체제가 유지되고 있기 때문이다.

(2) 공익과 사익의 조화

공익과 사익이 일치한다는 고전적 관념이 오늘날에는 비현실적이라는 사람이 상당수 있음에도 불구하고 이윤목표를 강조하는 사람들은 기업의 사적 이윤과 사회의 공익이 자연조화적 관계를 갖는다고 생각한다. 이들은 이윤극대화가 곧 공익극대화이기도 하다고 전제하는 것이다.

기업의 급속성장이 허용되는 것은 어떠한 시대에 있어서도 그 기업이 사회적 의의를 가질 때에 한해서이다. 이윤최대화라는 원리의 전제는 이윤최대화의 노력이 사회의 이익을 증진한다고 하는 자연조화주의, 즉 낙관주의에 근거를 두고 있다. 이것은 자본주의체제에서 각각의 기업이 영속적으로 가능한 극대이윤을 그 투하자본에 한해서 얻으려고 시도하면 국민경제적인 최상의 배려가 재화와 용역에 관해서 달성된다고 하는 사고방식이다.

이상에서 살펴본 바와 같이 극대이윤의 원리가 지지되는 근거는 자본가의 지위권력이 우월한 초기 자본주의시대의 상황과 공사익일치의 전제에서 찾을 수 있다.

2) 만족이윤의 원리와 근거

경제적 목표로서 만족이윤의 원리는 다원목표의 입장에서 제시되는 것으로, 비경제적 목표와 더불어 다양한 목표가 추구되어야 하는 상황에서 주장된다. Simon(1976)에 따르면 주식회사는 어떠한 것도 극대화시키려 하지 않고 오직 만족할 만한 결과를 얻으려고 한다. Simon은 과거 기업가의 특징으로 생각되어 왔던 극대행동화에 대해 현대 주식회사 경영자의 만족해 하는 행동을 대비시켰다.

이하에서는 극대이윤의 원리를 비판하는 측면에서 만족이윤의 근거를 찾아보도록 하겠다.

(1) 제한된 합리성

만족이윤원리의 근거는 먼저 인간의 합리성의 한계에서 찾을 수 있다. 인간의 합리성에는 한계가 있으므로 극대화원리에 따를 수 없고, 따라서 만족화원리에 따른다는 것이 보다 현실적인 기업행동에 대한 설명이 되고 있다.

극대화는 순수합리성(pure rationality)과 연관되고, 만족화는 제한된 합리성(bounded rationality)과 연관된다. 따라서 현실의 인간은 순수합리성, 즉 완전한 합리성을 갖지 못하고 제한된 합리성만 갖기 때문에 극대화는 불가능하며 만족할 뿐이라는 논리가 성립된다.

실제로 인간은 지식의 불완전성이나 예측의 곤란성 같은 이유로 제한된 합리성을 가지며, 이러한 합리성의 한계가 만족이윤원리의 근거가 된다. 이와 같은 맥락에서 Simon은 인간은 극대화할 수 있는 지혜를 갖고 있지 않기 때문에 만족한다고 하며, McGuire는 인간은 제한된 합리성만 갖고 있기 때문에 극대화하는 것보다 오히려 만족한다고 한다.

(2) 기업환경의 복잡성

만족이윤의 원리를 현대기업이 취할 수밖에 없는 이유로 합리성의 한계와 더불어 기업환경의 복잡성을 들 수 있다. 합리성의 한계 원인을 환경의 복잡성에서 찾을 수 있다는 점에서 이 두 가지 이유는 일맥상통하는 면이 있다. 왜냐하면 환경이 복잡해지면서 정보부족, 불확실성 등의 극복이 커다란 문제로 부각되고 인간이나 기업은 합리성의 한계를 절감하게 되기 때문이다.

이러한 논리에 따라 극대이윤의 원리가 비현실적이라는 비판이 나오면서 만족이윤의 원리를 채택하게 된다. 현실적으로 기업이 처해 있는 외부환경의 복잡성과 불확실성을 무시할 수 없으며, 따라서 기업은 순수합리성에 의한 극대이윤의 추구가 불가능하므로 제한된 합리성에 근거한 만족이윤의 원리에 따라 행동할 수밖에 없다는 것이다.

(3) 극대이윤의 곤란성과 비도덕성

Anthony(1960)는 기업의 주요 목표가 이윤극대화는 아니라고 한다. 그는 재화와 용역을 고객에게 효율적으로 제공할 수 있도록 자원을 이용하고, 그 자원의 제공자에게 공정한 보수를 주는 것이 참된 기업의 목표라고 주장하였다. 기업의 주요 목표가 이윤극대화가 아니라고 한 Anthony는 그 이유로 두 가지를 들었는데 하나는 극대이윤의 곤란성이고, 다른 하나는 극대이윤의 비도덕성이다.

① 극대이윤의 곤란성

이윤을 극대화하기 위해서는 한계비용과 한계수익이 동일한 지점에서 가격을 결정하는 것이 중요하다고 하지만, 그렇게 하려면 모든 가격에 대해 수요를 예측하고 모든 생산량과 판매량에 대해 한계비용을 예측해야 한다. 그러나 이것은 대단히 어려운 일이며 현실적으로 시도되지 않고 있다. 즉, 현실에서는 한계원리에 의존하지 않고 총비용에 만족할 만한 이윤을 추가한 수준에서 결정하고 있다.

요컨대 현실의 기업은 극대화원리에 따라 행동하고 있지 않으며 균형이나 공정성, 적정성 같은 사고방식에 의존하고 있다는 것이다. 이러한 사고방식은 곧 만족이윤의 원리가 된다. 그러므로 현실의 기업은 극대이윤의 원리가 아닌 만족이윤의 원리에 따라 행동한다고 할 수 있다.

② 극대이윤의 비도덕성

극대이윤의 원리는 기업이 오직 주주의 이익만 고려할 것을 요구한다. 그러므로 극대이윤의 원리에 따라서 기업이 행동할 경우 종업원에 대해서는 임금이나 부가급부를 가급적 제한하고, 고객에게는 가급적 비싸게 팔며, 또 지역사회에 대해서는 책임을 외면하도록 유도하게 된다. 이것이 바로 Anthony가 말하는 극대이윤의 비도덕성이다. 이와 같은 비도덕성은 현실에서 용납될 수 없기 때문에 현실의 기업은 극대이윤이 아닌 만족이윤의 원리에 따라 행동을 할 수밖에 없다.

③ 경제적 목표와 비경제적 목표의 관계

앞서 살펴본 바처럼 경제적 목표가 그 수준을 달리함으로써 비경제적 목표를 기업목표에 포함시키게 되는데, 이 경우 기업목표는 다원목표를 지향할 수밖에 없다. 여기서 다원목표라고 할 때 이윤목표 자체가 부정되는 것이 아니라 목표 중 하나에 포함되는 것이므로 이윤으로 대변되는 경제적 목표는 다원목표론에서 어떠한 지위를 차지하고 있는지 알아볼 필요가 있다.

경제적 목표가 다원목표에서 차지하는 위치를 알아보기 위해서는 경제적 목표 이외의 목표를 비경제적 목표라고 하여 양자의 관계를 유형화시킬 필요가 있다. 경제적 목표와 비경제적 목표의 관계를 유형화시키면 크게 두 가지 유형, 즉 계층(수직)관계와 동등(수평)관계로 구분할 수 있다. 그리고 계층관계를 경제적 목표 우위의 관계와 비경제적 목표 우위의 관계로 구분하면 전체적으로 3가지 유형이 설정될 수 있다.

첫째는 양자의 관계를 경제적 목표를 우선하는 수직적 계층관계로 보는 입장이다. 이러한 양자의 관계는 Eells의 기업관에서 보면 전통적 기업관에 속하는 기업목표이며, 현실적으로는 이윤극대화를 지향하게 된다.

둘째는 비경제적 목표를 우선시하는 수직적 계층관계로 양자의 관계를 설정하려는 입장이다. 이러한 양자의 관계는 Eells의 기업관에 비추어 보면 모체적 기업관에 속하는 기업목표관이며, 이것 역시 비현실적인 관계유형이라고 할 수 있다.

셋째는 경제적 목표와 비경제적 목표를 동등한 수평적 관계로 보는 입장이다. 이것은 Eells의 기업관에 비추어 보면 중도적 기업관에 속하는 기업목표관이다.

이상에서와 같이 경제적 목표와 비경제적 목표의 관계는 3가지 유형으로 분류할 수 있는데, 현대사회의 특성과 현실을 감안할 때 가장 바람직한 관계는 세 번째 유형과 같은 동등한 관계이다.

1.4. 비경제적 목표의 파생이유

현대기업의 목표가 다원화된 요인을 기업구성원, 기업 그 자체, 기업의 외부환경이라는 3가지로 분류해서 고찰할 수 있다. 이 3가지 범주에 속하는 기업의 본질적 특성의 변화로 인하여 현대기업의 목표는 본질적인 경제적 목표와 더불어 비경제적 목표를 동시에 포괄하며, 필연적으로 다원목표를 지향하게 될 것이다.

첫째, 기업구성원에 대한 관점의 변화가 기업목표를 다원화시키고 있다. 경제인적 관점에서 전인적인 복잡한 인간형의 관점으로 변화되는 과정에서 경제적 목표와 더불어 비경제적 목표도 중요해졌고, 이에 따라 기업목표가 다원화되었다.

〈표 6〉 다원목표론의 배경요인

요인 / 특성	내용
기업구성원	경제인이라는 가정에서 전인적 인간관으로 변화
기업 그 자체	① 기업구조상의 변화로서 소유권의 변화와 대규모화 ② 기업기능상의 변화로서 경제적 기능에서 사회·경제적 기능으로 변화
기업의 외부환경 (사회의 구조적·기능적 특성)	① 사회구조상의 변화로 단일사회에서 다원사회로의 변화 ② 사회기능상의 변화로 사회가치관의 변화와 사회운동의 증가, 그리고 자본주의 이념의 질적 변화

　둘째, 기업 그 자체의 구조와 기능상의 변화가 이루어지는 과정에서 다원목표가 요구되었다. 여기서 기업의 구조상의 변화로 들 수 있는 것은 규모의 증대와 복잡성의 증대, 그리고 소유권의 변화이다. 또한 기업의 기능상의 변화로 들 수 있는 것은 기업역할의 변화이다.

　셋째, 기업의 외부환경의 변화가 기업목표를 다원화시키고 있다. 이러한 외부환경의 변화에는 기업이 속한 사회의 구조적 측면과 기능적 측면에서의 변화가 포함된다. 사회의 구조적 변화로는 단일사회에서 다원사회로의 변화와 이에 따른 이해관계자집단의 다양화를 들 수 있다. 사회의 기능적 변화는 사회의 가치와 이념의 변화, 그에 따른 사회적 비판의 증가를 포함시킬 수 있다. 특히 기업은 자본주의체제의 근간이 되는 제도이므로 자본주의 이념의 질적 변화가 중요한 역할을 하고 있음에 유의해야 한다.

1 기업구성원에 대한 관점의 변화

이윤극대화라는 전통적 기업목표관의 근저에는 경제인이라는 가정이 있었고, 이러한 가정이 종업원을 비롯한 여러 기업구성원에게 적용되었다.

특히 대종업원관계를 경제인 관점에서 오직 경제적 측면에만 집착해서 고찰하여 그 결과 장기적으로는 기업목표의 달성에 있어서 효율성이 저하된다는 것을 경험하였다. 이러한 경험에 비추어 종업원의 경제적 합리성뿐만 아니라 심리적·감정적 욕구 등 다양한 욕구를 파악하고 그것을 만족시키기 위해 배려하지 않으면 안 된다는 점을 깨닫게 되었다.

요컨대 현대기업의 구성원은 과거와 다른 관점, 즉 경제인적 관점이 아닌 전인적 관점에서 다루어야 하며, 이러한 관점의 변화과정에서 이윤극대화라는 단일목표는 다원목표로 전환하게 된다. 기업구성원에 대한 다양한 배려의 필요성은 기업목표를 다면화, 다양화시키고 있다.

2 기업의 구조·기능상의 변화

1) 기업의 구조상의 변화

(1) 소유권의 변화
목표의 철학(philosophy of the objective)은 기업 내 구조적 변화에

의해서 더욱더 복잡해졌다. 그러한 구조적 변화 중 하나가 소유권의 변화이다. 즉, 소수의 개인에 의한 소유권으로부터 다수의 소주주에 의한 소유권으로의 변화과정에서 다원목표론의 근거를 찾을 수 있다.

기업의 구조적 변화로서 소유권의 변화는 전문경영의 근간을 형성하고 있다. 대기업이 발전하면서 소유와 경영의 분리경향이 높아짐에 따라 종래의 기업가는 전문경영자로 발전하고, 이 전문경영자는 기업의 새로운 변화에 대응하여 새로운 기업을 지배·운영하는 주체가 되고 있다. 이러한 전문경영자의 출현은 다양한 목표를 기업목표에 포함시킬 가능성을 키우고 있다. 왜냐하면 전문경영자는 전통적인 기업가와 달리 자본의 지배로부터 보다 자유로울 수 있고, 또 현대적인 기업이념을 지지하기 때문이다.

요컨대 과거의 기업가가 이윤추구를 단일의 기업목표로 간주하는데 비하여 기업 그 자체를 지배·운영하는 주체로서 현대의 전문경영자는 기업의 존립·발전과 생산·유통의 활동에 의하여 사회적 수요를 충족시키는 것을 목표에 추가하고 이러한 다원목표를 자율적으로 성취한다.

전문경영자가 소유자라는 조건에서 해방되어 기업 그 자체의 입장에서 자율적으로 설 수 있을 때, 전문경영자는 기업을 구성하는 이해관계자집단의 대립을 조정할 수 있게 된다.

(2) 기업의 대규모화

현대에 들어오면서 기업의 규모가 커짐에 따라 대기업이 사회에

서 가지는 영향력이 커지고, 그 결과 전통적인 자연조화적 경제질서
는 붕괴되었다. 또한 사회를 구성하는 모든 개인, 모든 집단은 기업
과 밀접한 관련을 맺고 있기 때문에 많은 영향을 받게 되었다. 기업
의 대규모화와 독점화는 그 필연적 결과로서 시장기능을 약화시켰
고, 따라서 기업의 이윤추구에 대한 단일목표론적 입장도 약화되
었다.

이와 같이 현대 산업사회에서 기업의 대규모화에 따른 영향력 증
대는 기업에 대한 여타 대항력(countervailing power)의 등장을 초래
하였고, 기업이 이러한 상황의 변화를 인식하여 그에 대응하고자 하
는 과정에서 기업목표는 필연적으로 다원화된다.

한편 대규모화된 기업에서는 기술진보와 시장경쟁력의 결과로서
대규모 설비투자가 불가피해지고, 그 결과 기업은 거액의 고정자산
을 보유하게 되어 투하자본회수의 장기화로 이어졌다. 자본회수기
간이 장기화됨에 따라 기업은 단기이윤추구의 입장을 지양하지 않
으면 안 되게 되었다. 이러한 이유 때문에 대규모 기업은 단일목표
가 아닌 다원목표를 지향하게 된다. 요컨대 기업의 단기이윤추구의
사고는 사회의 반작용을 초래하므로 기업이 장기적으로 존속하기
위해서는 그와 같은 반작용에 적극 대처하지 않으면 안 되고, 장기
적 관점에서 비경제적 목표도 기업목표에 포함시킬 수밖에 없는 것
이다.

2) 기업의 기능상의 변화

현대기업의 외면적 변화는 기능에서도 발생하게 된다. 기업지배
유형의 변화와 기업규모의 거대화에 따른 기업권력(corporate power)
의 증대는 기업의 사회적 영향력을 증대시켰고, 이에 따라 대항세력
이 등장하였다. 따라서 현대기업은 전통적으로 부여된 경제적 기능
만 수행하는 경제적 기관(economic institution)에 머물 수 없으며,
사회적 기능을 수행하는 사회적 기관(social institution)으로서의 성
격도 갖지 않으면 안 된다.

다시 말해 전통적인 이윤추구기관으로서의 기업은 재화와 용역을
효율적으로 생산하여 사회에 제공하는 경제적 역할(economic role)
을 수행하는 경제적 기관에 불과하였다. 그러나 현대에 들어와 기업
은 경제적 역할 외에 사회적 역할(social role)도 고려하는 사회·경제
적 기관으로서의 성격을 갖게 된다. 따라서 현대기업은 그 영향력
관계에 있는 여러 대항세력으로서 이해관계자집단과의 관계를 새롭
게 정립해야 할 뿐만 아니라 사회적 목표의 달성이나 문제해결에도
적극 참여하지 않을 수 없다.

요컨대 현대기업의 경영자는 이윤추구와 더불어 기업의 내면적·
외면적 변화에서 요구되는 다양한 목표를 조화시키는 임무를 맡게
되며, 이것이 경제적 역할과 더불어 사회적 역할도 수행해야 되는 기
업의 기능상의 변화과정에서 고려할 수 있는 다원목표의 이론이다.

3 사회의 구조·기능상의 변화

주주와 종업원의 환경주체에 대한 기업의 관계가 다양화되고 복잡해지는 과정에서 다원목표론의 근거를 찾을 수 있으며, 이러한 사회의 구조적 특성은 다원사회적 구조상의 특성과 아울러 자본주의의 질적 변화가 기업목표의 다원화를 촉진시키는 요인이 되고 있다.

1) 사회의 구조상의 변화

진정한 의미의 자본주의는 정치적 민주주의와 개인 자유의 환경에서 번영할 수 있는데, 이와 같은 사회를 다원사회라고 한다. 다원사회는 단일사회와 대조되는 사회구조적 특성을 지칭한다. 단일사회의 전형은 무솔리니, 스탈린, 히틀러의 치하에 있었던 여러 국가들에서 찾아볼 수 있다. 단일사회에서는 권력의 집중, 의견의 단일성, 여러 가지 기능의 일원화가 출현한다. 이와 대조적으로 다원사회는 권력의 집중이 아닌 분산이 있으며, 의견의 단일성이 아닌 다양성이 있으며, 여러 가지 기능의 일원화가 아닌 다원화가 존재하는 사회이다.

다원사회에서는 어떠한 집단도 다른 집단에 대해 독점적으로 권력을 행사할 수 없고, 각각 다른 집단에 직접적으로나 간접적으로 영향을 미친다. 기업의 관점에서는 이러한 여러 집단들이 기업에 상당한 영향력을 미친다는 사실로 바꾸어 볼 수 있다. 기업에 영향을 미치는 집단은 점차 수적으로 확대되고 있는데, 거기에는 노동조합,

정부, 소수자집단, 환경보호집단, 소비자 등이 포함된다.

따라서 사회구조적 특성에서 볼 때 현대기업은 각각의 이해관계자집단에게 책임이 있으며, 동시에 경영자의 과업은 여러 집단들의 요구사항을 조화시키고 균형을 유지하는 것이 된다. 다시 말해 다원사회라는 사회구조상의 특성 속에서 현대기업은 다원목표를 추구하지 않을 수 없다는 논리가 성립되는 것이다.

2) 사회의 기능상의 변화

앞서 언급한 사회구조상의 변화와 더불어 사회의 기능상의 변화도 다원목표의 지향성을 촉진시키는 요인이 되고 있다. 사회의 기능적 측면에서의 변화는 사회가치관의 변화나 이데올로기의 변화를 가리킨다. 사회가치관의 변화로 말미암아 기업에 대한 비판이 점차 늘어나고, 궁극적으로는 어떤 주체적인 집단의 힘에 의해서 사회운동으로 발전하게 된다. 여기서 사회운동이란 사회적 의미를 갖는 특정 목적의 유지와 실현을 위해서 성원을 결속시키려는 조직적인 노력이다.

이러한 사회운동이 실현하려는 가치와 추구하는 목표는 다양하다. 그중 오늘날과 같은 고도산업사회에서 전개되는 대표적인 사회운동으로는 소비자보호운동, 생태환경보호운동, 여성해방운동, 평등주의운동 등이 있다. 이러한 사회운동들은 다원사회 속의 여러 조직체제에 대하여 압력집단으로 기능하게 된다. 따라서 사회의 여러 요구에 부응하는 기업목표를 정립해야 할 필요성이 있으며, 이러한 필요성에서 등장한 것이 다원목표의 논리이다.

한편 기업행동을 직접적으로 규제하고 있는 자본주의 이데올로기의 질적 변화도 사회가치관의 변화와 더불어 기업목표의 다원화를 촉진시키고 있다. 현대사회에서 기업의 행동에 영향을 미치는 자본주의의 이념적 특징은 성장과 복지의 조화를 담당하는 주체로서 정부가 시장경제의 기능을 최대한 살리면서 동시에 시장경제에서 발생하는 문제를 해결하기 위해 각종 규제를 실시하는 것이다. 이러한 자본주의의 변화는 과거의 경험을 통해 능률과 정의, 즉 경제성장과 사회복지라는 두 가지 측면이 성공적으로 조화·발전되기 위해서는 정부의 적절한 보호와 규제가 필요하다는 사실을 인식한 데서 초래된 결과이다.

이상과 같이 자본주의의 질적 변화 속에서 점증하는 정부의 역할은 점점 더 광범위한 문제에 관심을 갖게 되기 때문에 현대기업은 사회의 요구를 더 이상 무시할 수 없으며, 자율적으로 사회에 반응하지 않으면 필연적으로 피동적인 규제를 받지 않을 수 없게 되었다. 공익과 사익이 일치될 수 없는 현대사회에서 정부는 제한정부로부터 능동정부로 변신하며, 이러한 특성을 갖는 현대자본주의 이데올로기는 기업이 다원목표를 추구하게 하는 압력요인으로 작용하였다.

1.5. 마무리하기

　초기 자본주의 시대에는 기업가의 목표를 기업의 목표로 보려는 전통적 이윤개념이 기업목표의 본질을 형성하였으며, 이것이 경제적 목표의 핵심개념이 되었다. 그러나 기업의 성장과 더불어 규모가 확대되면서 기업의 활동범위가 넓어지고 기업과 이해관계를 가진 이해관계자집단이 발생함으로써 기업의 목표를 이윤추구라는 경제적 목표만으로 보지 않으려는 경향이 나타났다. 이에 따라 기업목표로 추가되고 있는 것이 비경제적 목표이다.

　현대의 기업은 다양한 참가자로 구성되는 협동적 생산실체임에도 불구하고 전통적 기업의 목표관으로서 이윤추구개념은 자본가의 목적만을 위한 극대이윤을 지향하고 있기 때문에 현대의 기업목표관으로는 부적당하다.

　그러나 기업은 자본주의체제의 근간이며, 자본의 논리를 따르지 않는 기업목표나 행동은 자본주의체제에서 생각할 수 없기 때문에 경제적 목표의 핵심내용이 되는 이윤 그 자체를 부정하는 것은 있을 수도 없고 있어서도 안 된다. 다만, 추구되어야 하는 이윤의 수준과 추구된 이윤의 귀속주체의 변화를 생각할 수 있다. 즉, 전통적인 기업목표관으로서 극대이윤이라는 단일목표가 만족이윤이라는 다원목표로 대치되고, 이러한 만족이윤의 개념에서 추구된 이윤의 소속주체는 자본가만이 아니라 협동적 생산실체로서 기업에 참가한 다양한 주체들에게 공정하게 배분되어야 한다는 것이다. 따라서 현대기업의 본질적 목표 중 하나인 경제적 목표의 내용은 역시 이윤이라는 개념이 차지하고 있다고 할 수 있다.

그러므로 협동적 생산실체로서 현대기업의 목표의 본질은 역시 이윤개념에 두되 기업의 활동에 참가한 모든 사람에게 공정하게 배분되어야 하는 이윤개념을 지향해야 하며, 이것이 현대의 기업목표의 본질이다. 이러한 기업목표의 본질이 실현되기 위해서는 이윤추구에서 불공정한 방법이나 수단이 개입되지 않는 공정이윤, 즉 적정이윤의 추구가 보장되어야 한다. 이것은 곧 Drucker가 제시하는 기업의 존속에 필요하고 또 사회적으로 용인될 수 있는 필요최소이익(requierd minimum profit)을 지향해야 한다는 것이다. 여기에서 여러 가지 제약요건 때문에 만족원리를 지향하는 현대의 기업목표의 본질을 찾을 수 있으며, 이는 극대이윤의 원리를 지향하는 전통적인 기업목표관과 대조적인 입장을 취하고 있다.

제2장

현대 기업경영과
사회적 책임

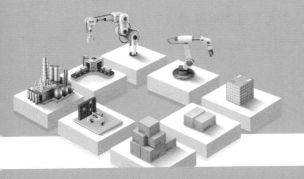

2.1. 시작하기

현대 산업사회에서 기업의 이해관계자집단이 많아지고 또 그들의 권리의식이 향상되었다. 그뿐만 아니라 다원사회 속에서 기업조직이 다른 조직이나 사회에 미치는 영향력이 점차 커지면서 기업을 경제적 기관(economic institution)과 동시에 사회적 기관(social instituton)으로 인식하게 되었다.

과거의 기업은 재화와 용역을 효율적으로 생산하여 제공하는 경제적 역할(economic role)만 수행하는 경제적 기관에 불과하였다. 그러나 현대의 기업은 경제적 역할 외에 사회적 역할(social role)까지 수행하게 되었다. 이에 따라 기업의 사회적 책임이 강조되고 있는 것이 현실이다. 즉, 현대의 기업경영자는 이윤추구와 동시에 사회적 책임도 인식하는 방향에서 합리적인 의사결정을 내려야 한다.

이러한 관점에서 이 장은 현대 기업경영에서 커다란 제약조건으로 작용하는 사회적 책임을 기업의 주체로서 경영자의 의사결정체계와 관련해서 살펴본다. 나아가 현대기업의 목표와 경영이념 측면에서 사회적 책임의 실현을 고찰한 다음, 오늘날의 기업들이 사회적 책임을 결정할 수 있는 기준을 사회적 책임의 개념모형과 더불어 논의함으로써 현대 기업경영의 방향을 모색하고자 한다.

2.2. 경영의사결정의 기준체계와 사회적 책임

사회적 문제에 대한 경영자의 반응을 논하기 전에 먼저 의사결정 기준을 위한 개념체계를 살펴볼 필요가 있으며, 그것은 [그림 1]과 같다(Nicholson, Litshert & Anthony, 1974).

[그림 1]을 보면, 기업은 보다 광범위한 사회·문화적 환경의 하위 체계로서 특정 유형의 목표를 성취하기 위하여 조직되는 사회시스 템이며, 그 목표의 달성은 보다 포괄적 시스템인 사회의 기능을 동 시에 수행하는 것이다(Kast & Rosenzweig, 1980). 그러므로 기업조

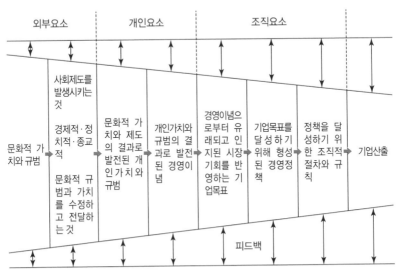

[그림 1] 경영의사결정의 기준체계

직의 가치는 보다 광범위한 사회의 규범과 이데올로기에 강한 영향을 받는다. 이러한 의미에서 기업조직의 가치는 광범위한 시스템 속에서의 조직의 활동과 존속을 정당화한다. 더 나아가 의사결정과 기타 행동을 이끄는 주요 기반이 되고, 조직이론과 관리실천을 개발하기 위한 기본체계를 형성한다. 또한 개인적 가치를 근거로 경영자는 이념을 발전시키는데, 그 이념은 "기업의 문제해결에 대한 유효한 사고의 논리를 공급하는 관련 지식체계"라고 정의할 수 있다. 경영이념은 기업목표를 설정하고 매일매일의 의사결정을 내리는 지침이 되며, 이 경영이념은 개인가치·사회규범·조직적 기대와 결합으로부터 추론된다.

기업목표는 그 구성원에게 특정 종류의 행동과 활동을 요구하고, 정책과 절차의 근거가 된다. 목표는 원하는 산출의 성격을 자세히 설명하며, 정책·절차·규칙은 재화와 용역을 생산해 냄으로써 소비자의 욕구와 조직의 욕구를 충족시켜야 한다. 그뿐만 아니라 광범위한 문화적 요구와 일치하도록, 이러한 목표의 달성이 가능하도록 행동방향을 설정해 준다.

1 사회의 가치와 규범

문화적 가치는 사회의 근본신념이므로 사회 대다수가 거기에 집착한다. 사회를 응집시키는 신념인 이것은 느리게 변화하며 사회에 안정성을 제공한다. 또한 규범은 사회적 가치를 규정짓는 행위지침이나 행동규칙으로, 사회에서 개인의 행위를 제어하는 표준으로 기능한다. 규범은 사회적 가치보다 상세하며 더 빨리 변한다.

여기서 가치란 매우 추상적인 개념이기에 한 문화에 있어 문화적 가치의 해석과 확인은 개개인에 따라 달라진다. 그리하여 가치는 문화에 암묵적으로 존재한다. 이에 비하여 문화적 규범은 어느 정도 구체적이며, 사람에 따라 의미가 어느 정도 일관성이 있다. 그렇지만 그 문화 속의 모든 사람이 똑같은 문화적 규범에 동의하는 것은 아니다.

Wolf가 제시한 사회가치관으로서 기업경영에 직접 영향을 미치는 것을 소개하면 다음과 같다.

① 기업은 소비자를 보호해야 한다.

② 기업은 공중과 거래하는 데 정직해야 한다.

③ 기업은 소수민족에 대한 차별을 제거하고 줄이는 데 적극적이어야 한다.

④ 기업은 개인들이 완전한 잠재력에 도달하도록 도움을 주어야 한다.

⑤ 기업은 인간의 불행, 예를 들면 가난이나 전쟁, 불량한 작업조건으로부터 이익을 추구하지 않아야 한다.

그는 이런 가치가 오랫동안 존속했으며, 그 변화는 강도에 있었지 종류에 있었던 것은 아니라고 주장한다. 비록 근본적인 경영가치관이나 경제가치관이 변화하지 않는다 하더라도 이런 가치를 명시하고 기업행위를 규제하는 규범은 변한다. 이러한 가치와 규범에 따라서 경영의사결정 또한 변화한다.

2 경영자 개인의 가치와 규범

경영자의 가치와 규범은 사회제도, 특히 기업제도와 경제제도에 의한 문화규범의 이전의 결과이다. 이것들은 경영자가 기업활동을 하는 데 있어서 경영자 개인의 가치와 규범을 형성하는 제약이나 한계점으로 작용한다.

경영자의 가치 및 규범체계와 관련된 대부분의 논쟁은 경영윤리라는 일반적 주제하에 나타났으며, 경영윤리는 수세기에 걸쳐 논의되어 왔다. Plato(1956)는 개인적 의사결정에 대해 언급했지만, 그의 답변은 경영의사결정에도 적합하며, 이러한 의사결정이란 모든 경영자의 주요 기능이다.

오늘날 경영자가 직면하고 있는 윤리문제가 무엇인지에 대하여 Sherman(1968)이 제시한 5가지를 소개하면 다음과 같다.

① 개인의 창의력을 무시하고 인적자원을 낭비하는 산업 내 인간 개발과 그 사용
② 광고의 진실성
③ 가격결정
④ "모든 사람이 그것을 한다"는 이유 때문에 비윤리적 관행을 계속하고 있다고 경영자로 하여금 말하게 하는 무지와 혼란
⑤ 경영의사결정이라고 생각되는 여러 의사결정과 도덕적 요소의 엄격한 분리

Sherman 외에도 최근 경영자가 직면하는 가치·기업윤리·이익

간의 관계에 대한 논의가 있는데, 특히 Elbing(1970)은 기업가가 경제인일 뿐만 아니라 또한 사회인이라고 주장한다. 그는 고전경제모델은 그 기술적 유용성에도 불구하고 가치맥락에서 부적합하다고 한다. 일반적으로 수락되는 윤리법전을 결여하고 있다는 것이다.

그리하여 기업가의 전문적 역할에 고유한 사회적 상호책임의 본질을 분명하게 하는 경영자의 새로운 사회모델이 요청된다. 이 모델은 실질적으로 경영자의 사회적 역할을 설명하고, 경영자가 경제적·사회적 목표 사이에서 최적균형을 달성하도록 이런 역할을 새로운 경제체계 속에 통합시켜야 한다. 요컨대 새로운 경영이념이 필요하다는 것이다. 이러한 경영자의 이념은 기업이 문제를 해결하는 데 근거를 제공한다.

한편 고전적 경영이념의 요소는 Davis(1959)에 의해 설정되었는데, 그 요소들은 다음과 같다.

① 사유재산의 권리와 자유시장경제에 근거한 경제분산주의
② 경제적 생활수준의 개선에 공헌하기 위한 소유자·경영자·고용자의 의무
③ 이익을 위해 노력하도록 허락하는 지적 이기심
④ 소유자·경영자에 의한 사회적·경제적 진보의 적극적 촉진
⑤ 소유자·경영자·고용자에 의해 만들어진 산출과 관련된 각 집단에의 보상
⑥ 경영적 권위의 제한적인 행사에 근거한 건전한 경영자의 리더십
⑦ 경영정책의 형성을 이끄는 윤리원칙

⑧ 노동자의 단체교섭권리에 대한 경영자의 인식

⑨ 조직 전체에 있어 대표·분권화·개인 창의력·개인 책임

⑩ 논리·증거·유효한 문제해결에 근거한 과학적 관리

2.3. 현대 기업경영과 사회적 책임

Walton(1967)은 기업이 경제적·비경제적 영역에서 광범위한 책임을 수행하는 것은 기업이 합리적 의사결정을 행한다는 것을 의미한다고 하였다. 또 Davis와 Blomstrom(1975)은 개인과 기관의 결정과 활동이 사회시스템 전체에 미치는 영향을 의사결정과정에서 평가하지 않으면 안 된다고 지적하였다. 따라서 사회적 책임을 경영자의 의사결정문제 내지 경제정책문제로 취급해야 한다는 것이다.

이처럼 사회적 책임은 경영자의 의사결정에 관한 것이다. 또한 사회적 책임의 수행은 오로지 경영자의 기업경영과정이며, 여기에는 기업목표 내지 경영이념이 전제가 된다.

그러므로 여기서는 사회적 책임을 수행하는 관점에서 현대 기업경영을 논의함에 있어 현대의 기업목표와 경영이념을 전제로 제시한다.

1 현대 기업목표와 사회적 책임

1) 현대 기업목표의 의의

기업목표(business objective)는 효율적인 경영관리의 우선권 (priorities) 및 자원할당의 근본이 된다. 현실적인 기업목표의 설정 및 그 달성은 훌륭한 경영관리의 본질이다. 모든 기업의 첫 번째 관심사는 기업목표를 설정하는 것이어야 한다. 과거 수세기 동안 기업의 경영관리에 심각한 변화가 일어나고 있는데, 그중 중요한 것은 거대기업의 출현, 전문경영자의 등장, 정부 영향의 증대, 다국적기업의 성장, 사회문제와 관련된 사회적 압력의 증가 등이다. 이러한 문제들의 대처에 있어서 기업들은 점차 종업원, 소비자, 그리고 일반공중의 관심사를 고려한 광범위한 기업목표를 전략적 차원에서 설정하려고 시도해야 한다(Shetty, 1979).

이렇게 설정된 기업목표는 실행되어야 한다. 만약 목표가 좋은 시도에 불과하다면 그것은 무의미하다. 따라서 목표는 일(work)로 실행되고 또 달성되어야 한다. 이때 일은 항상 특정한 것이며, 명확하고 측정 가능한 결과 및 한계와 명백한 책임한계를 갖추고 있어야한다. 그렇지만 제약조건이 되는 목표는 오히려 해롭다. 목표는 항상 미래의 기대에 기반을 두고 있으며, 기대는 잘 알려진 예측이다. 이와 같은 목표는 기업 외부에 주로 존재하는 통제할 수 없는 요인에 대한 평가를 나타내며, 그러한 기업의 외적 상황은 계속 변한다. 또한 기업목표는 운명이 아니고 방향이며, 명령이 아니고 동의이다.

이것은 미래를 꿈꾸기 위해 기업의 자원과 에너지를 동원하는 수단이 되어야 한다. 다시 말해 기업목표는 비전(vision)이 되어야 한다.

2) 현대 기업목표의 특성

기업의 기본적 정의와 기업의 목적과 사명(mission)의 정의는 목표로 전환되어야 한다. 그렇지 않으면 그것들은 결코 성취될 수 없는 통찰력, 훌륭한 의도, 현명한 격언에 불과하다. Drucker(1977)는 기업의 본질을 구현하기 위해 기업의 목표는 다음과 같은 특성을 가져야 한다고 주장한다.

① 목표는 우리의 기업이 현재 무엇이며, 미래에 어떠할 것이며, 어떠해야 하는가로부터 파생되어야 한다. 즉, 목표는 추상이 아니라 기업의 사명이 수행되어야 하는 행동방향이며, 성과가 측정되어야 할 기준이다. 다시 말해 목표란 기업의 근본적인 전략이다.

② 목표는 구체화(operation)되어야 한다. 즉, 목표는 특정한 표적(target)과 특정한 과제(assignments)로 변화될 수 있어야 하며, 작업과 성취를 위한 모티베이션뿐만 아니라 근본이 될 수 있어야 한다.

③ 목표는 자원과 노력을 집중할 수 있어야 한다. 목표는 인간, 금전, 그리고 물질적 설비가 집중될 수 있도록 기업의 여러 목표 가운데 근본적인 것을 선택해야 한다.

④ 단일목표보다 오히려 다원목표이어야 한다. 목표관리에 관한

많은 논쟁은 '유일한 올바른 목표'의 설정과 관련되는데, 이러한 목표의 설정은 비생산적일 뿐만 아니라 해를 끼칠 수 있고 기업경영을 잘못 유도할 수도 있다. 기업의 경영은 다양한 욕구와 목표를 조화시키는 것이므로 다양한 목표를 요구하기 때문이다.

⑤ 목표는 기업의 유지·존속이 달려 있는 모든 영역에서 필요하다. 이때 특정한 표적, 즉 목적분야에서의 목표는 개별 기업의 전략에 의존한다. 그러나 목표가 필요한 분야는 모든 기업에 거의 동일하다. 왜냐하면 모든 기업은 그들의 유지·존속을 위해서 거의 동일한 요인에 의존하고 있기 때문이다.

목표가 가장 필요한 분야로서 Drucker가 제시한 바에 의하면, 일반적으로 모든 기업은 먼저 고객을 창조할 수 있어야 한다. 그렇지 않으면 경쟁자가 그들을 압도할 것이다. 따라서 일차적으로 혁신목표가 필요하다. 모든 기업은 경제적 생산을 위한 3가지 요인, 곧 인적자원, 자본자원, 물리적 자원에 의존한다. 따라서 그들의 공급, 고용 및 개발을 위한 목표가 요청된다. 또한 이러한 자원들은 생산적으로 활용되어야 하며, 기업이 유지·존속하려면 생산성은 증가되어야 한다. 그러므로 적어도 기업이 환경에 미치는 영향에 대한 책임을 지도록 사회적 책임을 수행해야 한다. 따라서 특정 기업의 사회적 차원과 관련한 목표가 또한 요청된다.

⑥ 이익추구의 욕구가 존재한다. 이익의 추구가 없다면 어떠한 목표도 성취될 수 없다. 이익추구는 모든 노력, 즉 비용을 조달할

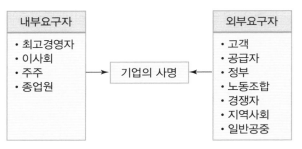

[그림 2] 기업의 사명에 대한 투입

[그림 3] 전략적 관리과정

수 있다. 한편 이익추구는 항상 위험을 수반하므로 잠재적 손실의 위험을 충당할 이익을 요구한다. 이익이란 목표가 아니라 개별 기업, 전략, 욕구, 위험에 관하여 객관적으로 결정되어야 할 요건이다. 얼마나 많은 이익을 원하느냐고 물을 것이 아니라 자본비용, 기업의 위험, 그리고 모든 목표분야에서 생산의 욕구를 위해 얼마나 많은 이익이 필요하냐고 물어야 한다.

3) 전문경영자와 기업목표

대기업이 발전하면서 소유와 경영의 분리경향이 강해짐에 따라 기업가는 경영자로 발전하고, 경영자는 기업의 새로운 전개에 대응하여 그 기업을 지배하고 운영하는 주체가 되고 있다. 경영자는 이 새로운 기업의 목표를 자기의 목적으로 한다. 기업가가 이윤의 추구를 목적으로 하는 것에 비하여 기업 그 자체를 지배·운영하는 주체로서 경영자는 기업의 존립·발전과 생산·유통의 활동에 의하여 사회적 수요를 충족시키는 것을 목적으로 하지 않으면 안 된다. 현대의 경영자는 전문경영자(professional manager)로서 이러한 목적을 자율적으로 성취해야 한다.

전문경영자가 소유자라는 조건에서 해방되어 기업 그 자체의 입장에서 자각적으로 설 수 있으면 기업을 구성하는 이해관계자집단의 대립을 조정할 수 있게 된다. 기업을 둘러싸고 자본가, 노동자, 소비자가 대립하는 이익의 조정은 기업 그 자체를 유지·발전시키고 사회적 사명을 달성하는 전문경영자의 목적을 기준으로 하여 비로소 이루어질 수 있기 때문이다.

4) 현대 기업목표의 분석

(1) 경영규모와 기업목표

기업목표를 규모에 따라 분석할 때 대규모일수록 소규모 기업보다 사회적 책임과 종업원의 복지를 중요시한다. 그리고 시장점유율, 능률성과 재무적 안정성은 소규모 기업에서 중요시되는 목표이다. 대규모 기업의 경우 시장점유율 목표가 상대적으로 덜 중시된다. 왜냐하면 특정한 제품시장에서 지배적 지위를 확보할 때 시장점유율에 보다 많은 강조점을 주는 것은 오히려 비생산적일 가능성이 있기 때문이다. 이것은 아마도 정부규제와 반트러스트 입법의 위험 때문일 것이다. 물론 시장점유율이 클수록 규모의 경제와 이익의 잠재력이 커진다. 그러나 대규모 기업은 사회의 비난을 비롯해 일반 공중으로부터 보다 많은 관심을 받을까 두려워 시장점유율에 중점을 두지 못하는 경향이 있다.

한편 소규모 기업은 대기업처럼 재무적 안정성을 확보하지 못할 뿐 아니라 경기침체를 상쇄하기 위한 거대한 재무적 자원을 갖지도 못한다. 결과적으로 소규모 기업들은 대기업보다 능률성과 재무적 안정성에 더 많은 관심을 갖는다.

(2) 산업의 성격과 기업목표

이종 산업뿐만 아니라 동종 산업 내의 기업목표도 서로 약간씩 다르다. 어떤 기업은 연구개발에 보다 많은 관심을 갖고, 또 어떤 기업은 수익성보다 시장점유율에 관심을 집중한다. 이러한 차이는 두 가지 요인에 의해서 설명 가능하다. 첫째, 기업의 자원은 목표에 중대한 영향을 미친다. 높은 시장점유율이나 연구개발을 통한 제품리더십 같은 목표는 실질적인 내부자원 없이는 달성할 수 없다. 둘째, 목표의 성격은 기업의 경영이념에 크게 의존한다. 기존의 연구결과에 따르면, 경제적 가치에 동기부여된 경영자들은 이익이나 성장을 강조하는 경향이 있는 반면 사회적 가치에 동기부여된 경영자들은 사회적 책임을 강조한다.

앞서 살펴본 경영규모와 산업의 성격을 내적 요인이라고 할 때 기업목표는 내적 요인뿐만 아니라 외적 요인에 의해서도 영향을 받을 수 있다. 이러한 내적·외적 영향요인은 다음과 같다.

① 기업의 외재적인 경제적, 기술적, 사회적, 정치적 영향력

② 기업이 직면한 전체 산업과 전략적 이슈의 성질

③ 기업의 기본적이고 내적으로 정의된 목표와 사명

④ 전반적인 경영규모, 내적인 자원과 기능

⑤ 경영자의 가치기대, 그리고 모티베이션

기업목표의 성질과 유형을 설명하기 위해서는 내적 요인과 외적 요인의 두 가지 집합을 동시에 고찰해야 한다. 이렇게 다양한 관련 요인은 일정한 흐름을 갖는다. 여러 영향요인들이 상호작용하고 변화함에 따라 기업목표는 재설정되며, 이러한 외적·내적 요인에 반응하여 기업은 계속해서 목표를 다시 설정해야 한다.

2 현대 기업경영과 사회적 책임

1) 현대 경영이념의 전개

현대의 경영이념을 하나로 정의하는 것은 불가능하다. 우리는 윤리적 다원주의 사회에서 살아가고 있으며, 이러한 사회의 구성요소로서 기업경영자는 상호 간 갈등이 되는 가치관에 직면한다. 다원주의란 현대사회의 주요 특징이다.

윤리적 다원주의에 여러 가지 근거가 있지만, 주요 갈등은 칼뱅파 윤리(Calvinist Ethic)나 프로테스탄트 윤리와 유대-크리스천 윤리(Judeo-Christian Ethic) 사이에서 존재한다. Farmer에 의하면 칼뱅

파 윤리는 1620년부터 1930년까지 미국 사회를 지배한 주요 주제였고, 유대-크리스천 윤리는 1930년대 이후 미국에서 우월성을 갖고 있었다. 칼뱅파 윤리는 자유방임주의(laissez-faire)와 이익극대화(profit maximization) 이데올로기가 기업의 활동기반이 된다는 견해를 뒷받침한다(Kast & Rosenzweig, 1980). 그것은 주로 생산능률과 재화와 용역의 창조자로서 기업의 역할을 강조한다. 이와 달리 유대-크리스천 윤리는 기업이 보다 넓은 사회적 책임을 가져야 하며, 이익극대화만 중시해서는 안 된다고 하였다. Farmer는 이것을 미국 사회의 주요 딜레마로 보았다. 칼뱅파 윤리는 경제적 견지에서 옳고, 역사적으로 입증될 수 있다. 유대-크리스천 윤리는 인간적 입장에서 옳고, 윤리를 국가적 차원으로 투사시키는 데 큰 무리가 없다. 그렇지만 이 윤리에는 경제적 내용이 거의 없다.

이러한 딜레마의 주요 근원 중 하나는 자유방임주의 개념에 근거를 두고 있는데, 전통적 경제학에 의해서 보강된 전통적 이데올로기, 즉 기업의 유일한 목적이 이익극대화라는 것이다. 기업의 주요 경제이론에 따르면, 기업경영자는 이익극대화를 위해 활동하고 경쟁적 시장은 사회복지를 보장할 수 있도록 기능해야 한다는 입장을 취하였다.

최근의 견해에 의하면, 기업은 개인적 이익극대화자로서 행동하지 않아야 하며 오히려 고객, 공급자, 주주, 종업원, 노조 및 정부기관 같은 많은 이해관계자집단을 갖는다고 한다. 이러한 견해하에 기업조직은 그 자원에 대해 요구를 하고 때로는 협동적이나 자주 갈등을 빚는 여러 집단으로 구성되어 있다. 이런 동태적 연립 속에서 활동하는 경영자는 여러 집단의 협력과 조직활동에의 참가를 얻기 위해 여러 집단의 이익이 충족되도록 해야 한다.

　이상의 견해에 비추어 볼 때 이익은 분명히 기업의 목표 중 하나이며, 조직의 장기적 생존에 중요하다. 그러나 이것은 충족되어야 할 여러 조직참가자에 대한 부가적 목표가 있다는 것을 제시한다. 이것은 이익극대화모형보다 경영자의 역할을 더 모호하고 긴장되게 한다. 그러나 이것은 현실적인 견해임에 틀림없다. 즉, 경영자의 목표와 동기는 그 근원에 있어서 경제적일 뿐만 아니라 사회적이며 광범위한 문화에 의해 설정된다. 경영자들이 이러한 풍토로부터 스스로를 고립시키는 것은 비현실적이다. 경영자들은 환경과 모호하게 얽혀 있으며 보다 넓은 사회시스템에 의해서 영향을 주고받고 있음을 인식해야 한다.

　기업에 대한 어떤 통일적인 견해는 없다. 마찬가지로 기업이 어떻게 운영되어야 하느냐에 관해 사회로부터 보편적으로 수락된 규정도 없다. 현대사회에서 기업에 미치는 환경적 영향은 다양하며, 그 압력에 대한 반응 또한 다양하다. 그러나 현대의 자본주의 가치시스템은 실용주의적이며, 경영자는 경제적 환경뿐만 아니라 전체적 사회환경에서도 활동하고 있다는 것을 점점 더 인식해 가고 있다.

2) 전문적 직업과 현대 경영이념

　역할전문화(role specialization)의 윤곽을 밝히는 수단으로서 전문적 직업주의(professionalism)의 발달은 산업사회와 복잡한 대규모

조직의 발생과 함께 대두되었다. 따라서 경영이념 및 역할의 이슈와 전문적 직업주의 개념 간에 밀접한 관련성이 있으므로 여기서는 전문적 직업주의와 현대 경영이념의 관계를 살펴보고자 한다.

전문가의 정의에 관해 의견일치를 보는 것은 사실상 불가능하다. 성직자, 법률가, 의사 등이 원래 전문적 직업으로 생각되어 왔으나 점점 더 여타의 직업집단이 스스로를 전문적 직업인으로 분류하고 있으며 어느 정도 그런 특성을 띠어 가고 있다. 그러나 전통적인 전문직업조차 몇 가지 점에 있어서 이상적인 전문직업모형에 이르지 못하고 있는 상황이다. 따라서 한쪽 끝에 이상적인 전문직업을 두고 다른 한쪽 끝에 조직화되지 않은 직업집단이나 비전문적 직업을 두는 연속선상에서 전문적 직업주의를 기술하는 것이 유용할 것이다. 전문직업화는 과정이며, 그것은 집단에 따라 정도가 다른 영향력을 행사할 수 있다.

이러한 연속선을 사용해서 전문직업의 본질적 요소를 다음과 같이 제시할 수 있다(Kast & Rosenzweig, 1980).

① 전문적 직업은 체계적인 이론체계(systematic body of theory)를 가지고 있으며, 장기간의 훈련을 통해 기능이 성취된다. 전통적 전문직업의 특성을 띠는 기능은 지식체계라고 부르는 내부적으로 일관성 있는 시스템으로 구성된 정보로부터 유래되고 지지된다. 따라서 전문적 직업에 대한 준비는 실질적 경험뿐만 아니라 지적인 경험도 수반해야 한다.

② 전문적 직업인은 하급자에 의해 인식된 상급자의 권한에 근거를 두어야 한다. 이 권한은 고도로 전문적이며, 전문가의 능력

범위(professional's sphere of competence)와 관련된다.

③ 권한의 행사에 대해 광범위한 사회적 인정과 승인이 있어야 한다. 사회는 전문직업인에게 특정한 권력과 특권을 부여함으로써 특정 범위 내에서 그 권한의 행사를 인정한다.

④ 의학에서 히포크라테스 선서와 같이 전문직업인과 부하 및 동료의 관계를 규제하는 윤리의 법전(code of ethics)이 있다. 자기규제(self-control)가 사회적 통제의 기반으로 사용된다.

⑤ 조직에 의해 지탱되는 문화가 있다. 전문직업인은 많은 공식·비공식 집단의 구성원이다. 이러한 집단에 의해 요구된 사회적 역할의 상호작용은 전문적 직업, 즉 전문적 문화라는 독특한 사회적 구조를 발생시킨다.

전문적 직업주의를 이러한 이상적 모형에 비추어 볼 때 현대경영을 전문직업으로 분류하는 것은 중요한 의미를 갖는다. 현대경영이 전통적 전문직업처럼 앞서 언급한 5가지 전문직업의 특성을 충분히 함축하고 있지는 않지만, 연속선상의 개념으로 전문적 직업주의의 개념을 고찰한다면 과거 수십 년간의 경향이 전문적 직업주의의 5가지 특성과 일치되어 가고 있음은 확실하다.

복잡한 조직의 경영에 관해 체계적인 지식의 틀은 점점 증가하고 있다. 즉, 경영자의 역할이 우리 문화 내에서 정당화되며, 이러한 역할은 사회의 승인을 받고 있다. 그리고 점점 더 많은 전문경영자협회가 기업의 여러 전문적 분야에서 형성되고, 자기규제의 발전토대가 존재하게 되는 것이 현재의 추세임은 분명하다.

Parsons에 의하면, 전문적 역할의 초점은 전문가의 기술적 능력 (technical competence)과 사회에 의한 이것의 인식에 있다. 분명히 복잡한 조직의 관리는 높은 수준의 기술적 능력을 요구하며, 이러한 역할은 사회에 의해서 수락되었다. 비록 현대경영을 전문직업으로 분류하지 않는다 하더라도 관리기능의 중요성은 감소되지 않는다. 사회조직의 관리는 사실상 사회에서 가장 중요하고 중대한 기능 중 하나이기 때문이다. 이상적인 모형에 비추어 볼 때 경영이 현재 전문직업이 아니라 하더라도 추세는 그러한 방향으로 가고 있으며 경영자역할의 문제는 매우 중요하다. 왜냐하면 전문적 직업의 중요한 속성 중 하나가 순수한 사적 이익보다 자기규제이기 때문이다.

지난 수십 년 동안 경영의사결정의 윤리적 기반에 많은 도전이 있었으며, 전문적 직업주의에 대한 중요성이 강조되었다. 오늘날 능률성, 수익성, 그리고 효율적인 인간관계만 강조하는 경영의 좁은 관점은 진부한 것처럼 보인다. 이와 대조적으로 현대경영의 추세는 경영자로 하여금 윤리적 쟁점, 사회에 대한 봉사, 그리고 전문직업의 기타 특성을 고려하도록 하고 있다.

3) 사회적 통제유형과 현대 경영이념

[그림 4]는 기업에 대한 사회적 통제유형과 이들이 19세기 후반부터 현재까지 변화하는 관계를 보여 준다. 여기서 주요한 사회적 통제유형은 ① 시장메커니즘을 통하여 이루어지는 시장에서의 경쟁, ② 정부규제와 통제, ③ 기타 외부집단의 영향력, ④ 자기규제와 전

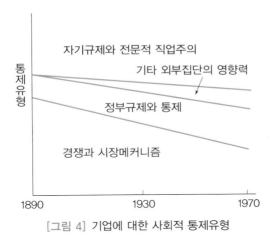

[그림 4] 기업에 대한 사회적 통제유형

문적 직업주의이다(Kast & Rosenzweig, 1980).

　미국에서 경영이념은 지난 수세기 동안 계속 변화되어 왔다. 곧 과거의 고전적 자본주의 이념과 자유방임에 대한 고전적 신뢰의 이념에서 적절한 정부규제와 통제를 수락하고 또 기업의 사회적 책임의 중요성을 인식하는 이념으로 변화되고 있다. 이러한 여러 가지 유형의 사회적 통제를 계량화하는 것은 불가능하다. 따라서 경쟁적 메커니즘을 가능한 한 신뢰하는 것이 중요한데, 건전한 경제와 사회에 필요한 분권적이고 자동적인 조정을 가능하게 하기 때문이다. 그럼에도 불구하고 그것 역시 완벽한 메커니즘은 아니기 때문에 정부규제와 통제, 외부집단에의 반응의 신중한 이용과 자기규제의 수락에 의해서 균형을 유지할 수 있어야 한다. 점증하는 경영의 전문직업화는 사회적 책임의 개념을 중시하며, 이것은 수락되어야 할 기업의 행동규범 중 하나가 되고 있다.

2.4. 사회적 책임의 개념모형

1 사회적 책임의 개념모형

사회적 책임의 개념모형에는 여러 가지가 있는데 여기서는 그중 대표적인 Sethi 모형, Walton 모형, Hay와 Gray 모형을 소개하고자 한다.

Sethi 모형에 의하면 사회적 책임의 대상과 범위는 3단계에 걸쳐 확대되는데, 제1단계는 사회적 의무이고, 제2단계는 사회적 책임이며, 제3단계는 가장 능동적인 사회적 책임의 단계로 사회적 반응이다. Walton은 사회적으로 책임 있는 기업행동을 6가지로 구분하고 있는데, 이 중 가장 소극적인 행동이 엄격한 모형이고 가장 적극적인 행동이 예술모형이며, 나머지 4가지 행동은 중간 수준의 모형이다. 이것을 Sethi 모형과 연관시키면 사회적 의무에 해당하는 것이 엄격한 모형이고 사회적 반응에 해당되는 것이 예술모형이며, 나머지 4가지 행동이 중간 정도인 사회적 책임에 속한다. 마지막으로 Hay와 Gray 모형은 Sethi 모형과 유사한데, 사회적 책임의 개념이 역사적으로 3단계에 걸쳐 확대되고 있다고 한다. 이 3가지 모형의 연관도를 그려 보면 [그림 5]와 같다.

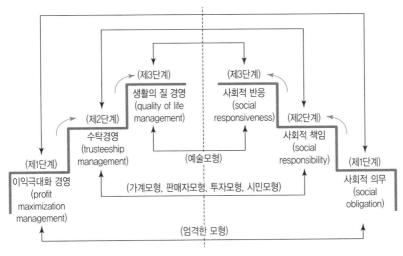

[그림 5] 사회적 책임의 3가지 개념모형의 연관도

1) Sethi 모형

Sethi는 광범위한 기업책임의 개념을 사회적 의무(social obligation), 사회적 책임(social responsibility), 사회적 반응(social responsiveness) 의 3가지로 구분하였다(Sethi, 1975). 여기서 사회적 의무는 경제적·법적 제약조건(economic and legal constraints)에 대응하는 기업행동으로 정의되며, 사회적 책임은 변화하는 사회규범에 적응하면서 사회적 기대를 충족시키는 것이다. 마지막으로 사회적 반응은 변화하는 사회적 요구에 대한 기업의 장기적 기대이다.

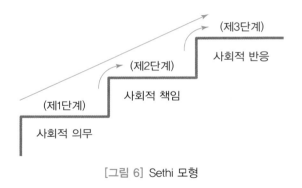

[그림 6] Sethi 모형

2) Walton 모형

사회적으로 책임 있는 기업행동에 대하여 극단적인 두 가지 견해가 대립하고 있다. 하나는 기업은 소유자의 이익을 극대화시키기 위해 존재하며 다른 모든 요구자는 기업의 범위 밖에 있는 것으로 간주하는 고전적인 견해이다. 이와 달리 기업이 기업의 자원에 대한

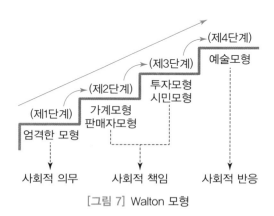

[그림 7] Walton 모형

많은 요구자들의 다양한 욕구를 조정하는 의무를 가지고 있다는 견해가 새롭게 나타났다. 그뿐만 아니라 극단적인 견해 사이에 여러 가지 모형들이 존재한다. Walton이 제시한 6개의 모형(Ells & Walton, 1974)을 소개하면 다음과 같다.

(1) 엄격한 모형(the austere model)

전통적인 기업관에 입각한 사회적 책임 개념을 의미한다. 즉, 기업의 직능은 이윤추구라는 개념이 강조되어 주주의 이익추구가 기업경영자의 사회적 책임 기능이라는 것이다.

(2) 가계모형(the household model)

종업원에 대한 책임을 강조하는 것이다. 종업원모형이 이익극대화를 위한 재무정책을 강조하는 것과 달리 고용, 소득 및 개인적 권리 등의 노동정책을 강조한다.

(3) 판매자모형(the vender model)

이 모형은 소비자에 대한 책임을 강조하는 것이다. 대외적으로 소비자의 권리와 이익 및 기호에 유의하는 것을 사회적 책임의 기준으로 삼고 있다.

(4) 투자모형(the investment model)

사회적 책임을 기업의 장기적인 존속과 이익을 위한 투자로 보는 것으로, 기업에 의한 대외적인 경제적 기부(donation)에 중점을 두

고 있다. 판매자모형에 비하여 기업과의 관계가 더 희박한 외부요구
자와의 관계까지 관심을 두고 있어서 사회적 책임에 대한 기준이 상
당히 확대되어 있는 셈이다.

(5) 시민모형(the civic model)

민주주의 정치체제에 대한 기업의 책임을 주장하는 모형으로, 기
업은 특정 권리를 소유함과 동시에 그에 상응하는 의무를 지고 있다
는 것이다. 이 모형은 자기의 직접적인 이익의 관점에서 기업책임을
제기하고 있지 않다는 점에서 투자모형과 다르다.

(6) 예술모형(the artistic model)

물질사회를 넘어선 문화사회의 실현에 대한 기업책임을 강조하는
모형이다. 보다 고도의 문화와 문명을 위한 봉사자로서 기업권력을
모든 차원에서 활용할 것을 사회가 요청하고 있다고 본다.

3) Hay와 Gray 모형

기업경영자의 사회적 책임의 개념은 최근 기업가나 학자들 사이에
서 유명한 논쟁주제가 되었다. 사회적 책임의 개념은 3단계를 거쳐 발
달해 왔는데, 그 구체적인 내용(Hay & Gray, 1974)을 살펴보면 다음
과 같다.

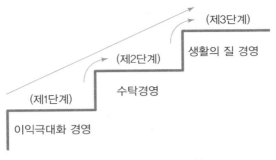

[그림 8] Hay와 Gray 모형

〈표 1〉 경영가치의 비교

제1단계 이익극대화 경영	제2단계 수탁경영	제3단계 생활의 질 경영
순수한 사적 이익	• 사적 이익 • 공헌자의 이익	• 계몽된 사적 이익 • 공헌자의 이익 • 사회의 이익
나에게 좋은 것은 국가에도 좋음	내 회사에 좋은 것은 국가에도 좋음	사회에 좋은 것은 우리 회사에도 좋음
이익극대화 추구	이익만족 추구	이익이 필요하지만 그러나 …
돈이 가장 중요함	돈이 중요하지만 인간도 중요함	인간이 돈보다 중요함
경영자의 책임이 소유자에게만 있음	경영자의 책임이 소유자, 고객, 종업원, 공급자 및 기타 공헌자에게 있음	경영자의 책임이 소유자, 공헌자 및 사회에 있음

(1) 이익극대화 경영(profit maximization management)

사회적 책임의 제1단계 개념은 기업가가 이익극대화라는 유일한 목표를 가지고 있다는 믿음이다. 이익극대화 추구에 대한 하나의 제약조건은 그 안에서 기업이 활동해야 한다는 법적 체계이다. 이러한 견해의 근원은 Adam Smith의 국부론에서 찾을 수 있다. Smith는 자신의 사적 이익을 위해 행동하는 개별 기업가는 보이지 않는 손(invisible hand)에 의해서 공적 이익(public good)을 증대시키도록 유도된다고 믿었다. 다시 말해 이익극대화에 대한 동인과 경쟁적인 시장의 규제가 상호작용하여 국민의 최대의 부와 최대의 공적 이익을 창조하게 된다는 것이다. 19세기와 20세기 초반에 미국에서 유행한 이 견해를 수락한 근거는 경제적 논리뿐만 아니라 사회의 목표와 가치에서도 찾아볼 수 있다.

19세기와 20세기 초반의 미국은 경제적으로 빈곤한 사회였기에 경제적 성장과 전체적 부의 축적이 국가의 주요 목표가 되었다. 그래서 이익극대화에 중점을 두는 기업시스템이 경제적 빈곤을 없애는 수단으로 간주되었고 그 과정에서 미성년자의 노동, 저임금과 위험한 작업환경 같은 종업원의 불평이 묵인될 수 있었다. 더욱더 자원의 소비, 수질오염, 위험한 제품 및 소수자의 빈곤문제에 대한 의구심은 제기될 여지조차 없었다.

사회적 책임의 이익극대화 견해는 19세기와 20세기 초반에 미국의 사고에 널리 침투되었던 칼뱅파 철학을 보완해 주었다. 칼뱅이즘(Calvinism)은 구원에 이르는 길이 근면과 부의 축적을 통해서만 가능하다고 강조한다. 따라서 기업가는 근면성을 보여 주고 이익극대화 원리에 집중함으로써 부를 최대한 축적할 수 있다는 결론을 내렸다.

(2) 수탁경영(trusteeship management)

수탁경영이라고 명명하는 사회적 책임의 제2단계가 1920년대와 1930년대에 나타났다. 그것은 기업제도와 사회의 구조적 변화에서 유래되었다. 이 개념에 따르면, 기업경영자는 주주의 부를 극대화시키는 것뿐만 아니라 고객, 종업원, 공급자, 채권자, 그리고 지역사회의 여러 가지 요구사항 사이에서 균형을 유지하는 책임이 있다. 이러한 견해에서 경영자는 소유자의 대리인이라기보다 기업의 여러 참여집단들을 위한 수탁자로 간주된다.

사회적 책임의 제2단계에 속하는 이 견해가 등장한 데에는 미국 기업의 주식소유권의 분산과 다원사회의 발달이라는 두 가지 구조적 경향이 바탕이 되었다.

① 주식소유권의 분산

주식소유권의 분산은 1930년대 초까지 ATT, 미국철강, 펜실베이니아철도 같은 기업의 최대주주가 총주식의 1% 이하를 소유했었다는 사실을 통해 그 정도를 알 수 있다. 다른 대기업의 경우도 대부분 비슷하였다. 이와 같은 상황에서 경영자는 확고하게 기업을 통제하고 있었으며, 특별한 상황을 제외하고 최고경영자는 대리메커니즘(proxy mechanism)을 통해 스스로를 영속적이게 할 수 있었다. 만약 개별주주가 기업의 성과에 불만족한다면 그는 자신의 주식을 매각하는 것 외에 다른 방법이 없었다. 그러므로 주주의 법적 지위가 소유자의 지위라 하더라도 그의 실제적 지위는 기업의 사채권자나 채권자의 지위에 더 가깝다. 이러한 경우 경영자는 누구에게 책임이 있느냐 하는 것이 문제가 된다. 이에 대한 대답은 수탁자의 개념에서 구할 수 있다. 경영자는 기업의 모든 참가자, 즉 주주, 노동자, 고객, 공급자, 채권자 및 지역사회에 대하여 책임이 있다.

② 다원사회의 발달

대규모 다원사회의 출현은 수탁자 개념을 더욱 강화시켰다. 다원사회는 권력이 분산될 수 있는 자율적 또는 준자율적 집단들을 갖고 있는 사회로 정의되어 왔다. 다원사회에서는 어떠한 집단도 다른 집단에 대해 독립적으로 권력을 행사할 수 없으며, 각각 다른 집단에 직접적 또는 간접적 영향을 미친다. 기업의 관점에서 이는 많은 외부집단들이 기업에게 상당한 영향을 미친다는 사실로 바꾸어 말할 수 있다. 1930년대에 기업에게 상당한 압력을 행사했던 주요 집단은 미국의 경우 노동조합과 연방정부이다. 오늘날에는 여기에 다수의 소수자집단, 환경집단, 그리고 소비자집단 등이 포함되었다. 따라서 이러한 상황에 대한 하나의 논리적 접근은 기업이 각각의 이해관계자집단에게 책임이 있으며, 동시에 경영자의 과업은 여러 집단들의 요구사항 사이에서 조화와 균형을 유지시키는 것이라고 간주하는 것이다.

(3) 생활의 질 경영(quality of life management)

제3단계는 사회적 책임의 '생활의 질' 개념이라고 명명되는 것으로 최근에 유행하기 시작하였다. 이러한 개념이 나타난 주요 이유로는 국가가 경험하고 있는 사회적 목표에서의 중요한 변질을 들 수 있다. 금세기 중반까지는 기업에 대한 사회의 주요 요구사항은 보다 많은 재화와 용역을 계속해서 생산함으로써 미국국민의 생활수준을 향상시키는 것이었다. 미국이 세계의 역사에서 가장 부유한 사회가 되었다는 사실은 이러한 기대를 충족시키는 데 기업이 성공했다는 증거이다. 그 과정에서 미국은 기본적인 재화와 용역의 부족이 더 이상 근본적인 문제가 되지 않는, 소위 Galbraith가 말하는 풍요한 사회(affluent society)가 되었다.

그런데 이러한 경영적 성공의 직접적·간접적 결과로 여러 가지 사회문제가 나타났다. 즉, 풍요 속의 빈곤, 오염된 도시, 공기와 물의 오염, 자연경관의 파괴, 그리고 소비의 경시라는 사회문제가 발생하였다. 이제 국가의 입장은 사회적·물리적 환경을 파괴하면서까지 얻은 경제적 풍요는 의미가 없다는 것이다. 그 결과 생활의 질(quality of life)을 강조하는 국가적 우선권의 새로운 조정이 나타나고 있다.

이러한 새로운 우선권과 일치하여 사회적 합의는 기업이 기술적·물리적 기능과 재무적 자원을 가지고 보다 광범위한 책임을 담당하는 것이다. 다시 말해 기업은 제1단계의 전통적인 경제적 영역과 제2단계 개념의 여러 참가자와 압력집단의 다양한 요구조건을 균형시키는 것을 뛰어넘어 광범위한 책임을 이행해야 한다는 것이다. 제3단계 개념에서 사회적으로 책임 있는 기업은 사회의 주요 문제의 해결에 보다 깊이 관여하는 기업을 뜻한다.

2 사회적 책임의 결정기준

일반적으로 기업과 사회를 위해 현재보다 더 명확한 경계가 기업의 사회적 책임에 대하여 설정되어야 한다. 오늘날의 경제적 현실과 개별 기업 주변의 사회문제의 강조, 그리고 사회의 기대와 목표의 견지에서 기업의 사회적 책임에 대한 수탁 가능한 전반적인 지침은 무엇인가에 대한 답을 사회적 책임을 결정하는 기준으로서 구체적으로 제시하면 다음과 같다(Steiner, 1975).

(1) 특정한 기업이나 모든 기업을 위한 공식은 존재하지 않는다. 각각의 기업은 스스로 사회적 책임을 결정해야 한다. 기업은 사회적 행동을 취할 수 있지만, 법률이나 관습에 의해 결정될 경우 외에는 그렇게 하도록 강요되어서는 안 된다.

각 기업의 사회적 책임은 첫째, 사회적으로 책임이 있다고 생각하는 것에 관해 행동을 하기 전에 주의 깊게 사고를 하는 것이다. 이렇게 함에 있어서 각 기업은 주요 사회문제를 해결하는 것과 관련된 과업의 양을 과소평가하지 않아야 한다. 이때 적절한 평가가 중요하다.

둘째, 사회적 책임과 관련하여 무엇을 할 것인가를 결정하는 데 있어 최고경영자의 가치와 이해관계는 주요 고려사항이다. 기업을 경영하는 재미 중 하나는 최고경영자의 만족과 자아실현을 추구하는 데 있기 때문에 기업의 권력은 최고경영자의 사회적으로 책임 있는 가치와 이해관계를 충족시킬 수 있도록 사용될 수 있고 사용되어야 한다.

셋째, 최고경영자가 기업에 초점을 두고 있는 것으로 생각하는 공적 기대의 수준과 방법 또한 주요 고려사항이다.

(2) 기업은 강한 이익동기(profit motive)를 가진 경제적 기관으로 간주되어야 한다. 즉, 기업은 경제적 인센티브 없이 사회의 비경제적 목표를 충족시키는 데 이용되지 않아야 한다. 우리가 무엇을 하든지 간에, 기업이 무엇을 해 주기를 기대하든지 간에 이익동기를 저해하는 어떠한 행동도 취하지 않아야 한다는 것이다. 우리는 기업성과를 경제적 기준에 입각해서 판단해야 한다. 그리고 기업은 새로운 기회 자체를 발견함으로써 또는 기업의 사회적 행동으로 이익을 얻을 다른 기관에게서 인센티브를 제공받음으로써 이익을 획득한 결과로 사회문제를 해결하는 데 최대의 공헌을 하도록 기대되어야 한다. 양심과 이익은 동일한 방향으로 나아갈 수 있다. 과거 기업의 수익성 기회에 대한 탐구는 여러 가지 사회문제를 감소시키거나 제거하였고 앞으로도 그럴 수 있다.

(3) 기업은 장기적 견해를 가지고 비록 일시적으로는 순이익이 감소될지라도 궁극적으로 기업에 이익이 되는 사회적으로 책임 있는 행동을 수행해야 한다. 기업의 장기적인 사적 이익이 실업이나 도시의 무질서, 환경오염과 범죄 같은 문제를 해결하는 데 있다는 것은 명백하다.

(4) Davis가 이야기한 것처럼 개별 기업은 사회적 권력에 상당하는 사회적 책임을 갖는다. 이것은 단순한 것처럼 보이지만 이 원리를 실천에 옮기는 것은 복잡한 문제이다. 권력과 책임이 함께 작용한다는 것은 문명만큼이나 오래된 개념이다. 이것은 행동하기 위한

개략적인 지침이지만 유용한 것이다. 예컨대, A기업이 어떤 도시의 주요 고용자이고, B기업은 그 도시 인구의 5%를 고용하는 조직이며, 두 기업이 이전계획을 수립하고 있다고 가정하자. 다른 조건이 동일하다면 A기업은 B기업보다 이전에 따르는 사회적 책임을 더욱 신중히 고려해야 한다. 그러나 이러한 이야기를 하면서도 동등한 권력과 책임의 공식이 어느 정도 A기업의 의사결정을 변화시켜야 하는지 우리는 알지 못한다. 이러한 종류의 문제는 Davis가 말하는 사회-경제적 책임(socio-economic responsibility)이다.

또한 Davis가 언급한 기업의 사회-인간적 책임(socio-human responsibility)이 존재한다. 기업을 단지 경제적 기관으로만 간주하는 것은 기업이 실업의 경제적 비용과 관련된 책임은 어느 정도 가지고 있으나 인간존엄성의 상실과 실업에 따른 사회적 붕괴와 관련된 책임은 전혀 가지고 있지 않다는 결론에 이르게 할 수 있다. 또한 기업은 생산성을 증가시킬 수 있는 개인의 창의적 능력을 증가시키는 것에는 관심을 가질지 모르지만, 종업원들이 직무로부터 보다 많은 자아실현을 하도록 도와주는 시도에는 관심을 갖지 않을 수 있다. Davis는 이것이 잘못된 처사라고 지적한다. 왜냐하면 기업은 전체 사회구조 속에서 전인간(whole man)을 취급하기 때문이다. 더 나아가 기업가는 사회-인간적 권력(socio-human power), 즉 인간의 생활의 질에 대한 권력을 가지고 있다. 이러한 방정식은 또다시 어떠한 상황에서도 확실한 대답을 줄 수 없지만 유용한 것이다.

(5) 기업의 규모와 유형의 문제가 있는데, 이는 (4)와 밀접한 관련성을 갖는다. 기업은 성장하면서 점점 더 많은 사람에게 실제적이고

잠재적인 영향을 미치게 된다. 이때 사회는 기업이 무엇을 하는지에 더 큰 관심을 가지며, 기업 또한 사회적 책임을 보다 주의 깊게 생각한다. 즉, 기업은 공중의 관심에 영향을 받는 경향이 있다. 모든 사람은 권력을 잘못 사용할 가능성이 존재한다는 것을 알고 있다. 기업이 인간에 대한 권력을 많이 가지고 있을수록 개인이 정당한 절차 없이 부당하게 손해를 보지 않도록 보호적 정책, 규칙 및 조치를 마련해야 한다는 압력이 존재한다.

한편 소규모의 소유경영자의 사회적 책임 역시 많지는 않으나 존재한다. 예컨대, 빈민가의 소규모 기업은 임의로 가격을 올리거나 불량품을 판매하지 않아야 하는 사회적 책임을 가지고 있다. 그러나 기관으로서 사회는 재화와 용역을 정직하게 제공하는 것 외에 많은 사회적 책임을 소규모 기업에게 기대하지 않는다. 이와 같이 사회적 책임은 기업의 유형, 즉 산업의 성격이나 경쟁상태 등에 따라 차이가 있다.

(6) 어느 누구도 기업이 자발적으로 주주의 투자를 유인하는 능력을 위태롭게 하기를 기대하지 않아야 한다. 만약 기업이 상당한 금전을 사회적 목표에 돌린다면, 기업은 평균자본수익률을 저하시키고 그 결과 낮은 성장률, 증권의 낮은 시장평가, 또는 이 두 가지가 동시에 초래될 것이다.

물론 이러한 행동은 오래 계속될 수 없다. 그러나 심각한 공기 및 수질 오염을 발생시키는 기업은 비록 그 영향이 커다란 이익 상실을 가져올 수 있다 하더라도 폐기물을 정화시키도록 강요될 수 있다.

(7) 사회문제를 해결하는 데 있어서 사회의 어떤 기관이 과업을

가장 잘 수행할 수 있는가를 결정하는 노력이 이루어져야 하며, 적절한 책임이 그들에게 할당되어야 한다. 정부는 국가안보 같은 분야에서 최적의 기관이고, 재화생산 같은 분야에서는 기업이 최적이다. 개별 기업은 자기가 가장 잘 처리할 수 있는 사회적 책임을 선택해야 한다. 전통적으로 기업은 그 과업이 정치적 개입을 거의 수반하지 않고, 직접적으로 민주적인 정치과정에 관련되지 않으며, 계량화되고 측정될 수 있는 물리적 문제를 취급할 때 더 좋은 성과를 나타냈다.

⑻ 기업은 외부비용을 보다 많이 내부화시켜야 한다. 과거에 기업은 공기나 물의 오염 같은 생산비용의 부담을 면제받았는데, 그때는 기업의 경제적 산출에 보다 우선권이 있다고 생각하였다. 그렇지만 오늘날 우선권은 변화하고 있으며, 기업은 더 많은 사회비용을 부담할 것으로 기대된다. 그러나 이것은 복잡한 문제이다.

사회적 책임의 지침과 경계로서 이러한 기준들은 사회적 책임을 거의 부담하지 않는 것을 어느 정도 정당화시킬 수 있으며 약간 실질적인 것들이다. 그러나 정곡을 찌르는 중요한 다음과 같은 몇 가지 일반화가 존재한다.

기업이 비용을 지불하지 않거나 또는 약간의 비용만을 지불하고 사회적 책임을 수행할 수 있을 때 기업은 사회적 책임을 수행할 의무가 있다. 비용을 지불하지 않거나 약간의 비용만 지불하고 잠재적인 높은 이익을 얻을 수 있는 분야는 기업시스템의 운영과 사회가치에 관해 공중에게 공지하는 것이다. 이것은 기업이 성취할 수 있는 중요한 사회적 책임이다. 만약 사람들이 잘못 이해하거나 알지 못한 다면 책임 없는 비난에 더욱 쉽게 동요될 것이고, 그들 자신의 장기 적인 사적 이익에서 그들이 요구해야 하는 것보다 훨씬 많은 것을 기업이나 기관에게 요구할 것이다. 이것은 또한 학계나 정부에 의해 서 감수되어야 할 책임이다.

점점 더 많은 기업가의 사고가 단기(short run)에서 장기(long run) 로 변화하고 있다. 또한 자유로운 사적 이익에서 계몽된 사회적 이 익(enlightened social interest)으로의 철학적 변화가 존재한다. 이것 은 기업권력, 이익, 그리고 기업경영을 보는 새로운 방법이다. 그것 은 경제적 인센티브를 잠식하지 않고 우리가 사회적 책임이라고 이 야기하는 것을 상당 부분 포함하고 있다. 사실상 기업에 의해서 수 락될 수 있는 사회적으로 책임 있는 행동은 인센티브를 강화시킨다.

2.5. 마무리하기

기업은 인간의 욕구를 만족시키는 재화의 산출을 극대화하기 위 한 방법으로서 토지, 노동, 자본 등의 자원들을 분배한 경제체계의 일부로 발전되었으며, 기본적인 경영방침의 결정은 아직도 경제분 야에 근거를 두고 있다.

그러나 기업이 사회에서 점차 중요한 위치를 차지함에 따라 하나 의 사회적 제도로 확립되어 왔으며, 현재 기업의 의사결정과 활동은 다른 사회제도에 영향을 주고 있으므로 많은 사회적 논쟁을 야기하고 있다(Massie, 1979).

전문경영자의 등장과 더불어 대기업의 성장은 자유경쟁력과 사유재산의 소유권에 영향을 미침으로써 사회의 성격을 변화시켜 왔고, 사회에 미치는 대기업의 힘이 커짐에 따라 대기업은 사회적 책임이라는 문제에 관심을 갖지 않을 수 없게 되었다. 이제 기업은 윤리적인 문제를 고려한 의사결정을 내려야 하고, 기업에 미치는 사회적인 영향력에 자신을 적응시켜 전략적 경영관리를 해야 한다.

이처럼 현대 경영방침과 이념 및 목적의 결정은 수십 년 동안 확대되어 왔다. 초기에 과학적 사고의 체계를 갖춘 경영자들은 효율적인 운영방법에 근거한 작업장 수준에 초점을 맞추어 왔으며, 이후 그 초점은 경영조직 내의 모든 수준에서의 조직행동에 맞추어졌다.

최근에는 그 수준의 영역이 미시적 경영, 즉 조직 내의 운영에서 거시적 경영, 즉 조직과 그 주변의 상호작용으로 확대되었다. 그러므로 경영자는 수많은 사회적 논쟁점에 영향을 주는 문제들을 이해해야 한다. 더 나아가 현대사회의 경영자는 그의 가치체계를 위한 철학적 기초를 형성시켜야 한다. 물론 그것은 사회적 책임을 비전과 이념 및 전략적 차원에서 고려하는 것이어야 한다. 요컨대 현대경영의 목표와 이념의 설정과정에서 사회적 책임이 고려되는 방향으로 현대 기업경영이 전략적 차원에서 이루어져야 하는 것이다.

제2부

비전과 이념이 있는
경영과 사례

제3장

문화경영과 사례연구

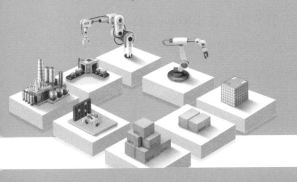

3.1. 시작하기

사회가 급격히 변화하고 더욱 복잡해지는 과정에서 대학을 비롯한 모든 조직에 대한 사회의 요구가 고도화, 다양화되고 있다. 그동안 무풍지대였던 비영리조직으로서의 대학도 예외는 아니다. 학문을 주로 하는 기관으로서의 대학이 아니라 실사구시의 실용적인 관점에서 취업 및 창업과 경력개발도 시킬 것을 동시에 요구받고 있다. 이러한 흐름에서 한국방송통신대학교도 자유로울 수 없다(방송대신문, 2013. 6. 14). 그리고 이 과정에서 많은 대학들이 대학의 정체성에 대한 위기와 가치관의 혼동을 경험하고 있다.

오늘날 가치공백과 가치관의 혼란으로 인하여 사회적으로나 조직적으로 많은 혼란이 야기되고 있다. 이 장에서는 그동안 축적해 온 필자의 교육 및 컨설팅과 경영 관련 경험에 비추어 조직차원에서 가치관의 확립을 비전 및 이념을 중심으로 하는 것, 즉 정체성 확립작업으로 시도할 수 있는 경영패러다임을 제안하고 이를 통한 경영의 성과를 확인하는 기회를 갖고자 한다.

조직에서 가치관 및 정체성의 확립은 비전과 이념에 의해 가능하다. 비전과 이념을 존중하고 실천하는 경영패러다임으로는 문화경영(백삼균, 1995; 백삼균, 1997), 가치경영(백삼균, 2006), 신뢰경영(백삼균, 2001), 지속가능경영(백삼균, 2012), 공유가치창조 경영(Porter & Kramer, 2006) 등을 들 수 있다.

비전과 이념을 중심으로 하는 경영(MBVP, management by vision and philosophy), 즉 문화경영을 장기적인 안목에서 일관되게 추진하면 조직문화의 창달과 비전의 구현이 동시에 가능하다. 그 결과 경영자들은 고객 및 직원들로부터 신뢰를 얻을 수 있고, 나아가 지속 가능한 성장을 확보할 수 있다. 한편 이러한 비전과 이념 중심의 경영이 BSC(balanced score card)모델과 연계하여 실행될 경우에는 사회적 책임 차원에서 공유가치창조(CSV, creating shared value)도 가능하다.

이 장에서는 필자가 경험한 교육과 컨설팅 외에 필자가 직접 추진했던 3개의 경영사례를 우수기업의 사례와 함께 제시하고 이 사례들을 통하여 경영자들이 얻을 수 있는 경영상의 시사점을 찾아보고자 한다. 여기서 소개하는 필자가 추진했던 3개의 사례는 한국방송통신대학교 경기지역대학, 한국방송통신대학교 경기지역산학협력단, 그리고 한국방송통신대학교출판부(현재 한국방송통신대학교출판문화원)의 사례들이다.

한국방송통신대학교 경기지역대학과 한국방송통신대학교 경기지역산학협력단의 사례는 필자가 2008년 9월 1일 한국방송통신대학교 경기지역대학장에 부임하면서 추진한 일들을 관련 자료를 근거로 소개하는 것이며, 한국방송통신대학교출판부의 사례는 필자가 2002년 10월 한국방송통신대학교출판부장에 부임하면서 추진했던 경영사례이다.

2002년 출판부장 부임 당시 출판부는 교과서 이외의 일반교양도서의 출판, 즉 기획도서의 사업을 필요로 했는데 이사회에서 오랫동안 기금을 조성하여 왔음에도 그때까지 활용하지 못한 점이 여러 차례 지적되고 있었다. 이에 기획도서 사업을 추진하여야 했고, 이를 위한 방안으로 계획한 것이 출판부 전 직원이 참여한 1박 2일의 워크숍이었다. 이 워크숍은 출판부의 비전 및 이념을 설계하기 위한 기회로 활용되었다. 그리고 그 틀 속에서 당시 출판부의 숙원사업이었던 기획도서 사업이 다른 사업들과 연계하여 시스템적으로 추진되도록 하였다.

한편 2008년 9월 1일에 한국방송통신대학교 경기지역대학장으로 부임하면서 지역대학의 책무에 대하여 깊이 생각하게 되었다. 그리고 당시의 지역대학으로는 직업능력개발, 취업 및 창업지원, 경력개발 등과 같이 새롭게 등장하는 다양한 기대에 지역대학이 적극적으로 부응하지 못할 상황에 처해 있음을 간파하고 지역대학의 새로운 경영모델을 수립하기로 결심한 바 있다(방송대신문, 2008. 11. 3).

이와 같은 의도와 취지에서 시작한 조직의 변화프로그램은 비전과 이념 중심의 경영패러다임을 구축하는 것이었다. 즉, 각 조직에 내외부에서 기대하는 일들을 단편적으로 단기적 안목으로 추진하기보다 장기적인 안목에서 시스템적이고 종합적으로 추진하는 방안을 찾았는데 그것이 바로 비전과 이념에 의한 경영이었다.

이하에서는 비전과 이념에 의한 경영, 즉 문화경영 차원에서 문화경영의 개념과 특성 및 중요성과 실천원리, 실제 경영사례를 살펴보도록 하겠다. 그리고 각 사례에서 공통적으로 보여 주는 시사점도 제시하겠다.

3.2. 문화경영의 개념과 특성

초일류기업은 비전과 이념이 명확한 문화경영을 하고 있다. 초일류기업은 세계 무대에서 비전과 이념이 있는 경영에 의하여 경쟁력을 유지하고 있다. 그러나 저성과기업은 이와 다르다. 그러면 저성과기업은 어떠한가?

첫째, 저성과기업은 비전과 이념이 명확하지 않을 뿐만 아니라 공식적으로 비전과 이념이 제시된 경우에도 구성원 간에 공유의 범위가 좁다. 그리고 핵심가치와 전략 및 제도와의 연계성이 부족하고 최고경영자의 솔선수범과 언행일치도 찾아보기 어렵다.

둘째, 저성과기업은 비전과 이념으로 내세우는 것이 선진 초일류기업과 다르지 않지만 관리상의 체계적인 노력 부족으로 인해 비전과 이념이 액세서리나 장식품 역할밖에 못하는 경우가 많다. 즉, 인간존중, 혁신추구, 고객만족 같은 핵심가치를 일관되게 주장하기보다 유리할 때는 주장하다가 불리할 때는 헌신짝처럼 버리는 경우가 허다하다. 그리하여 기업과 직원 간, 기업과 고객 간에 신뢰를 형성하지 못하고 있다. 초일류기업이 핵심가치를 중심으로 고민하는 자세와 거리가 있는 것이다.

이와 같은 한계로 인하여 저성과기업들은 선진 초일류기업들이 가진 기업문화의 특성과 거리가 멀다.

글로벌시대를 맞아 이제 저성과기업들도 핵심역량 중심으로 본업에 충실함과 동시에 진취적·창의적이고, 고객지향적·인간 중심적이며, 현장 중심적이고 나아가 핵심가치 중심의 유연한 조직을 구축해야 한다. 이를 위해 저성과기업들은 기업 고유의 비전과 이념을 구성원들의 참여하에 설정하고 이를 중심으로 경영관리시스템을 재구축하는 일에 몰두해야 한다.

1 문화경영의 개념

현대적 경영패러다임으로서 문화경영(CM, culture management)이 무엇인지 정리해 보면 다음과 같다(백삼균, 1993).

첫째, 문화경영은 비전과 이념에 의한 경영이다. 장기적인 안목에서 경영의 뿌리이며 정신적 지주인 이념을 비전과 더불어 설정하고 이에 근거하여 전반적인 경영관리가 이루어지도록 하는 것이다.

둘째, 문화경영은 전략경영을 한 차원 승화시킨 것이다. 저성과기업의 경우 아직 전략경영의 정착도 미흡한 실정이지만 시대적 상황이 문화경영을 요구함에 따라 많은 부담이 되고 있다. 전략은 있되 비전은 없고, 이념은 있되 한낱 장식품에 불과한 저성과기업은 전략을 비전으로 승화시키고 이념을 현실 속에서 실천하는 경영을 해야 한다.

셋째, 문화경영은 '미는 경영(push management)'이 아니라 '끄는 경영(pull management)'이다. 저성과기업들은 종업원들의 등을 떠밀어 단기 업적과 생산성을 제고하는 '미는 경영'을 해 왔다. 이제는 종업원들을 뚜렷한 비전과 이념으로 끌어당기는 '끄는 경영'을 해야 할 때가 되었다. 따라서 경영진이나 관리자들은 종업원에게 비전과 이념을 제시하고 그 실현을 위해 상호 협력하는 풍토를 조성하는 데 힘써야 한다.

넷째, 문화경영은 자율경영이다. 이는 기업의 구성원 모두 비전과 이념으로 무장한 다음 각자의 역할을 능동적으로 수행하는 것을 말한다. 즉, 상급자의 지시나 명령에 따라 수동적·피동적으로 움직이는 것이 아닌 자율적이고 능동적으로 각자가 처한 현실을 비전과 이념에 비추어 극복해 나가도록 하는 경영이다. 따라서 진정한 자율경영이 이루어지려면 먼저 모든 구성원에게 비전과 이념을 숙지시키는 것이 전제조건으로 충족되어야 한다.

2 문화경영의 특성

문화경영은 다음과 같은 특성을 가지고 있다(백삼균, 1993).

첫째, 문화경영은 뿌리를 존중하는 근본적인 경영혁신이다. 나무의 성장원리에 따르면, 뿌리와 줄기, 가지가 튼튼할 때 꽃이 피고 열매가 맺힌다. 따라서 이념을 뿌리로 삼고 제도와 기법을 줄기나 가지로 삼는 경영이 이루어질 때 비전이라는 열매가 맺힐 것이다. 뿌리가 없이 줄기나 가지에만 매달린다면 튼튼한 열매를 기대하기는 어렵다.

둘째, 새로운 결합에 의한 시너지효과를 기대할 수 있다. 그동안 저성과기업에서 이념, 제도, 기법이 따로 움직인 것에 유의하여 이들을 비전과 이념 중심으로 결합시키면 시너지효과를 기대할 수 있다. 항상 새로운 것만 찾을 것이 아니라 기존에 가지고 있던 자원들을 새롭게 결합하려는 노력이 우선되어야 한다.

셋째, 문화경영은 원심력과 구심력의 조화를 추구한다. 모든 현장에서 이루어지는 노력이 비전과 이념으로 모이도록 함과 동시에 비전과 이념에 따라 모든 현장의 노력이 이루어지도록 하는 것이다. 여기서 전자의 힘은 구심력이고 후자의 힘은 원심력이라 할 수 있다. 이 두 가지 힘이 조화를 이룰 때 기업의 성공이 보장된다.

넷째, 문화경영은 비전과 이념에 의한 자기구속을 특징으로 한다. 기업의 비전과 이념을 설정하고 이를 대내외에 공언함으로써 비전과 이념을 끝까지 실천하려는 의지를 강화해야 한다. 이때 기업은 강한 에너지를 창출할 수 있다.

다섯째, 문화경영은 다양한 상징을 활용하는 상징적인 경영 (symbolic management)이다. 과거의 합리적 경영과 달리 문화경영은 기왕에 제시한 비전과 이념을 전파시키기 위해 다양한 상징들을 사용한다는 점을 주목해야 한다.

3.3. 문화경영의 중요성

1 문화경영의 필요성

문화경영의 필요성은 최근 기업들이 경험하고 있는 급격하면서도 구조적인 환경의 변화에서 찾을 수 있다.

첫째, 정치적 환경 측면에서 볼 때 정치 민주화에 대한 욕구가 분출되면서 내적으로는 산업현장에서의 참여와 의견 수렴을 요구하는 산업 민주화(industrial democracy)에 대한 기대가 커지고 있다. 그리고 외적으로는 기업에 대한 비판의식이 높아지고 이와 관련한 체계적이고 조직적인 사회운동이 활성화되고 있다.

이와 같은 정치적 환경 변화에 적극적·능동적으로 대응하기 위해서는 가능한 한 많은 구성원들의 의견을 수렴하고 의사결정에 참여하도록 하는 민주적 경영관리가 인간존중의 철학에 따라 이루어져야 한다. 동시에 뚜렷한 비전과 이념에 의한 일관성 있고 품위 있는 경영을 함으로써 기업의 이미지를 향상시켜야 한다. 기업이 뚜렷한 비전과 이념이 없이 우왕좌왕할 때 일관성이 결여되고 품위도 손상되어 사회의 비판 대상이 된다는 점을 인식해야 한다.

둘째, 사회적 환경 측면에서 볼 때 전후의 풍요로운 사회에서 성장한 신세대들이 거대한 물결처럼 밀려오면서 기성세대와 신세대 간의 가치관 갈등이 심화되고 있다. 기업은 이러한 가치관의 차이로 인하여 구성원들의 노력을 결집시키지 못하고 있어 기성세대와 신세대 간의 공통 가치관의 발굴과 실천과 전파가 무엇보다 중요한 시대가 되었다.

한편 오늘날 신세대는 거대한 물결이며 파도이기 때문에 이에 거스르는 행동을 하기보다 순조롭게 타고 넘는 지혜가 필요하다. 따라서 기성세대들은 신세대 관리론의 습득이 요청되며, 신세대의 특성 파악에 관심을 집중할 때 신세대 관리기술이 습득될 수 있다. 오늘날의 신세대는 과거의 기성세대처럼 장점과 단점을 동시에 갖고 있다. 신세대의 장점은 소신 있고 당당하고 합리적이라는 것이며, 약점은 의무와 책임은 지지 않으려 하면서 권리는 쉽게 주장하는 것이다. 따라서 기성세대들은 신세대 관리 차원에서 약점을 보완하고 강점을 살릴 수 있는 방안을 모색해야 한다. 이러한 필요성에서 기업문화야말로 가장 적합한 방법이라고 볼 수 있다.

셋째, 경제적 환경 측면에서 볼 때 기업들은 시장개방의 가속화와 지구촌시대의 도래로 인하여 국내외적으로 치열한 경쟁에 휘말리고 있어 경쟁기업과의 차별화가 요청되고 있다. 그럼에도 불구하고 기술적으로는 기술혁신이 가속화되어 기업 간의 기술격차가 점차 빠르게 좁혀지고 있으므로 이에 대한 장기적인 대응이 요청된다.

기업들은 치열한 경쟁 속에서 기술 외에 다른 측면에서 타 기업과 비교하여 우위를 점할 수 있는 자원을 개발·관리해 나갈 필요가 있다. 이 점에서 가장 중요한 기업의 자원이 기업문화이다. 이것은 돈으로 살 수 없는 것이며, 오랜 기간 동안 구성원들이 정성 들여 가꾸어야 그 효과를 기대할 수 있다. 따라서 하루라도 빨리 특유의 기업문화를 정립시켜 타 기업과의 경쟁에서 비교 우위를 점하는 것이 무엇보다 중요하다.

이상에서 살펴보았듯이 정치적·사회적·경제적 환경의 변화와 관련하여 기업들이 당면한 과제를 극복하기 위해서 뚜렷한 비전과 이념이 있는 경영, 즉 문화경영을 통해 기업문화의 정립을 추구하지 않으면 안 된다.

2 문화경영의 기대효과

그러면 문화경영이 이루어짐으로써 기대되는 것은 무엇인가? 문화경영 추진에 따른 기대효과를 사회, 기업, 구성원 개인의 입장으로 구분하여 살펴보면 다음과 같다(백삼균, 1991).

1) 사회의 입장

문화경영이 이루어지면 사회의 가치관이 올바로 정립될 수 있다. 오늘날 우리나라는 사회적으로 가치관의 혼란에 따른 많은 문제를 안고 있다. 물론 이러한 문제들은 여러 가지 이유로 인한 것이지만 기업경영과 관련하여 발생한 경우도 많으므로 기업은 문제해결에 동참한다는 차원에서 구성원들이 뚜렷한 목표와 철학을 가지고 살아갈 수 있도록 비전과 이념이 있는 경영을 해야 한다.

기업은 정신적·물리적 측면에서 모두 사회에 기여할 수 있으나 오늘날 우리가 살고 있는 상황은 정신적 측면에서의 기여가 더욱 절실히 요구되므로 기업의 구성원임과 동시에 사회의 구성원인 종업원들이 뚜렷한 목표와 철학을 갖고 살 수 있도록 문화경영이 이루어져야 한다.

2) 기업의 입장

기업의 입장에서 문화경영의 효과는 3가지로 요약할 수 있다.

첫째, 특정 기업의 경영이 기업의 비전과 이념을 뿌리로 삼아 이루어짐으로써 일관성 있는 경영이 확립될 수 있고 이에 따라 기업의 품위 유지와 이미지 제고가 가능해진다. 이미지가 좋은 기업에는 우수한 인재의 유입이 예측되며, 또 시장에서 이미지 점유율은 시장 점유율과 일치된다는 이미지 마케팅 관점에서 볼 때 기업의 명확한 비전과 이념의 설정 및 이에 따른 경영의 일관성 확립은 매우 중요한 과제이다.

둘째, 기업의 구심점 확립에 따라 내적 능력의 극대화를 기대할 수 있다. 기업의 비전과 이념이 기업경영의 구심점으로 자리 잡아 임직원들의 노력이 낭비되지 않고 구심점을 중심으로 결집되어 조직능력의 극대화를 기할 수 있는 것이다. 그동안 기업들은 임직원들의 노력이 구심점으로 모이기보다 분산되고 낭비되는 경우가 많았다. 그 결과 각자 열심히 노력했음에도 불구하고 선진 초우량기업의 성과수준과 비교할 수 없는 낮은 성과수준을 유지해 왔다. 이에 따라 각자 노력한 만큼 기업으로부터 보상을 받지 못해 불공정성을 크게 지각하고 있기도 하다.

셋째, 문화경영이 이루어지면 기업의 여건 변화에 따른 비전과 이념의 수정·보완이 지속적으로 이루어짐으로써 단견적·임기응변적 경영이 아닌 장기안목적·전략적 경영이 가능해지고 기업의 대외적 환경 적응력이 커진다.

3) 개인의 입장

사회 및 기업 차원의 기대효과와 더불어 조직구성원 차원에서의 기대효과도 있다. 구성원 차원의 기대효과를 3가지로 요약해 보면 다음과 같다.

첫째, 기업구성원들의 개인적 꿈과 희망이 실현될 수 있다. 문화경영은 기업의 비전과 이념을 중심으로 정립되는 것이므로 기업의 비전을 통해 개인의 비전, 즉 꿈과 희망이 실현될 가능성이 커진다.

그동안 기업구성원들은 기업의 비전이 뚜렷하지 않아 개인의 인생 목표 및 비전 설정과 그 구현이 불가능한 경우가 많았고 심리적 불안감도 컸다. 문화경영의 정립이 이루어지면 이러한 문제는 극복되고 모든 구성원들이 개인의 노력 여하에 따라 꿈, 희망, 보람과 풍요를 공정하게 누리게 될 것으로 기대한다.

둘째, 비전과 이념 관점에서의 경영, 즉 문화경영의 원리를 이해하고 생활화할 때 임직원 모두 뚜렷한 목표와 철학을 갖고 일관성 있는 삶을 살 수 있다. 일관성 있는 삶을 사는 사람은 직장에서는 존경받는 상사가 될 수 있고, 가정에서는 모범적인 가장이 되며, 사회에서는 영향력 있는 인물이 되어 어느 곳에서나 진정한 권리를 누릴 수 있다.

현실적으로 기업조직의 하위직 사원들이 직장생활에서 겪고 있는 가장 큰 애로사항이 일관성 없는 지시나 명령을 일삼고 강압적 권위에 의존하는 상사라는 사실에 비추어 보면 직장생활의 보람을 높이는 차원에서도 문화경영이 요구된다.

셋째, 문화경영이 정립되면 기업구성원들이 소신 있고 당당하게 직장생활을 할 수 있는 풍토가 조성됨으로써 인간해방과 노동해방을 기대할 수 있다. 문화경영에서는 임직원들 각자가 기업의 비전과 이념에 따라 옳다고 생각하는 바대로 업무를 수행할 수 있어 타율적·외면적 통제와 지시에서 벗어나 자율적·내면적 규제가 이루어진다. 그동안 기업의 타율적·외면적 통제와 눈치 보는 풍토의 직장생활을 탈피할 수 있는 가능성이 높아진다는 점에서 문화경영은 하루 빨리 정립되어야 할 과제이다.

이상에서 살펴본 대로 문화경영 추진 후 기대되는 효과는 사회나 기업의 입장에서만 존재하는 것이 아니라 조직구성원인 개인의 입장에서도 존재한다. 그러므로 문화경영의 추진과정에 의혹을 품고 경계하거나 비판적이거나 동참을 거부하기보다는 모두가 적극 협조하고 참여함으로써 소기의 성과를 신속하게 거둘 수 있어야 한다.

3.4. 문화경영의 실천원리

기업들이 비전과 이념 중심의 문화경영을 정착시키기 위해서는 먼저 기업 고유의 비전과 이념을 설정하고 그다음 이러한 비전과 이념을 중심으로 하는 4대 혁신을 체계적으로 추진해야 한다(백삼균, 1991).

1 기업 고유의 비전과 이념의 설정

사회적 책임과 관련하여 기업들이 관심을 가지고 추진하기 시작한 문화경영은 기업 고유의 이념을 비전과 함께 설정하는 일부터 시작된다.

일반적으로 비전과 이념은 기업이 처한 사회의 구조 및 기능적 특성, 기업 자체의 구조 및 기능적 특성, 기업구성원의 가치·욕구적 특성 같은 여러 상황요인들을 고려하여 설정된다. 이렇게 설정된 기업의 비전과 이념이라야 사회에서 그 당위성이 인정되고 기업구성원들에게 수용되기 쉽다.

일단 기업의 비전과 이념이 설정되면 대내외에 널리 전파되어야 한다. 따라서 기업 고유의 비전과 이념을 설정하는 과정에서 충분한 시간과 적절한 절차가 필요하며, top-down과 bottom-up의 조화가 이루어지도록 해야 한다.

그럼에도 불구하고 기업들이 기업문화를 성급하게 서두르는 과정에서 반드시 거쳐야 할 절차를 무시하는 것이 다반사이며, 최고경영진에서 일방적으로 결정하여 사원들에게 전달하는 top-down 경향도 아직 보인다. 이와 같이 기업의 비전과 이념의 부적절한 설정과정 때문에 기업문화의 성공 여부를 좌우하는 기업의 비전과 이념의 내용이 타 기업과 구별되는 기업 고유의 개념이 되지 못함으로써 타 기업과의 차별화를 시도하지 못할 뿐만 아니라, 기업의 비전과 이념에 대한 저항이 강하게 일어나 널리 공유되지 못하는 현상도 초래되고 있다.

더 큰 문제는 기업이념의 재평가와 새로운 기업이념 설정에 시간과 노력을 투자하는 데 인색한 최고경영자는 기업문화의 개념을 제대로 이해하지 못하고 기업문화에 대한 관심도가 낮다는 점이다. 그 결과 기업문화에 대해 적극적인 지원을 하지 않을 뿐만 아니라 기업이념을 실천하는 데 솔선수범하지도 않는다. 이상적인 기업문화의 정립에 있어서 최고경영자를 비롯한 경영진의 변신이 절실히 필요함에도 불구하고 스스로 변화하지 않고 사원들만 변화하도록 요구하는 것은 잘못이다.

그러므로 기업문화를 강하게 정립시키기 위해서 일차적으로 중요한 것은 기업문화에 대한 최고경영자의 정확한 이해와 이를 바탕으로 한 기업 고유의 비전과 이념이 정상적인 절차와 방법에 따라 전 사원이 심사숙고한 후 결정되도록 하는 것이다. 예를 들면 전 사원을 대상으로 한 설문조사와 그 피드백, 기업문화 워크숍, 부서별 또는 QC 서클별 토의와 그 피드백 같은 방법을 통해 top-down과 bottom-up이 조화를 이루어 기업 고유의 비전과 이념이 설정되도록 노력해야 한다.

2 비전과 이념 중심의 4대 혁신

기업들이 문화경영을 도입하기 위해서는 무엇보다 먼저 가능한 한 많은 구성원의 참여 속에 기업의 비전과 이념을 명확히 설정해야 한다(백삼균, 1995). 그다음 비전과 이념이 경영 전반에 반영되도록 의식·행동 혁신, 인사·조직 혁신, 전략·정책 혁신, 이미지·홍보

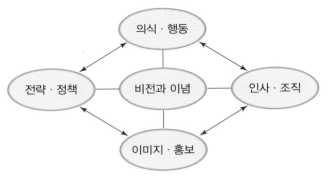

[그림 1] 비전과 이념 중심의 4대 혁신

혁신의 4대 분야에서 혁신을 체계적으로 추진해야 한다(백삼균, 1997). 그리하여 경영 전반이 기업의 비전과 이념을 중심으로 정합성(alignment)을 갖도록 해야 한다.

1) 의식·행동 혁신

(1) 비전과 이념의 의식화

기업의 비전과 이념은 구성원들의 마음속에 깊이 각인되어야 하며, 이를 위해 기업들은 모두의 의지와 뜻을 모아 새롭게 설정한 비전과 이념을 대내외에 선언하는 선포식을 가져야 한다. 동시에 비전과 이념을 내부 규정화하여 구성원 모두가 일상적인 의사결정과 경영관리에서 비전과 이념을 존중하도록 해야 한다. 한편 토론식 교육을 통해 기업의 비전과 이념이 구성원들의 마음속에 자리 잡도록 하는 노력도 중요하다.

비전과 이념의 의식화 측면에서는 다음과 같은 사항이 체크되어야 한다.

첫째, 비전과 이념의 선포식이 기본취지를 살릴 수 있도록 이벤트화되고 있는가?

둘째, 비전과 이념이 규정화되어 전반적인 경영관리에서 공식적인 영향력을 미치고 있는가?

셋째, 비전과 이념을 구성원들의 마음속에 심을 수 있도록 교육과 홍보가 계층별로 적합하게 이루어지고 있는가?

(2) 행동이념의 생활화

기업구성원들의 정신자세로 새롭게 설정된 기업의 행동이념은 일상생활에서 모든 구성원들에 의해 존중되고 실천되어야 한다. 즉, 행동이념의 생활화가 이루어져야 한다. 행동이념이 벽에 걸린 장식품이 아닌 구성원들의 수신훈 역할을 해야 하는 것이다.

이러한 점에서 행동이념의 설정은 최고경영자에 의해 일방적으로 만들어져서는 안 되며 top-down과 bottom-up의 조화에 의해 만들어져야 한다. 또 이렇게 설정된 행동이념은 행동지침으로 구체화되어야 한다. 이때에도 최고경영자에 의한 일방적인 것이 아닌 참여적인 방법(예: 워크숍 등)이 활용되어야 한다. 그리고 이러한 행동이념을 지키는 데 앞장선 사원에게 상을 주어 구성원들의 역할모델로 삼도록 해야 한다.

행동이념의 생활화 측면에서는 다음과 같은 사항들이 체크되어야 한다.

첫째, 계층별·분야별 행동지침이 워크숍 같은 참여적인 방법으로 발굴되어 활용되고 있는가?

둘째, 행동이념이 구체화된 행동지침이 현업에서 실행되도록 상사의 지도, 편달이 이루어지고 있으며 그 평가가 지속적으로 이루어지고 있는가?

셋째, 행동이념을 잘 실천하는 사원과 그렇지 않은 사원을 공적조서에 근거하여 평가하는 시스템이 공정하게 운영되고 있으며, 이에 따라 주어지는 가칭 올해의 ○○인상이 인정받고 있는가?

(3) 개성 있는 하위문화의 창달

기업의 비전과 이념에 근거하여 표출되는 기업문화는 개성 있는 다양한 하위문화가 조화롭게 형성될 때 찬란히 꽃을 피울 수 있다. 계층별로는 경영진, 관리자, 사원의 문화가 있을 수 있고, 부문별로는 일선과 후선의 문화가 있을 수 있다.

이러한 하위문화는 계층별·부문별 업무의 성격과 내용에 따라 다양하게 형성되어야 하지만 전체로서 기업문화와도 조화를 이루어야 한다. 이를 위해서 각 부문과 계층이 기업의 비전과 이념을 공유해야 한다. 즉, 공통의 비전과 이념을 우리 계층에서는 어떻게 실천해야 하고, 우리 부문에서는 어떻게 실천해야 하는가를 항상 생각해야 한다.

개성 있는 하위문화의 창달 측면에서는 다음의 사항들이 체크되어야 한다.

첫째, 부문별·계층별로 업무의 성격에 맞는 적절한 실천방안이 공개적으로 토론되고 이를 실천하려는 노력이 있는가?

둘째, 부문별·계층별로 비전과 이념의 실천사례가 발표되고 성공적인 사례를 널리 전파하려는 노력이 있는가?

셋째, 부문별·계층별로 형성된 하위문화를 평가하는 메커니즘이 있어 사후관리가 지속적으로 이루어지고 있는가?

2) 인사·조직 혁신

(1) 인사 및 교육제도의 개선

기업의 인사 및 교육제도는 구성원의 의식과 행동을 좌우하는 가장 중요한 요소이다. 따라서 기업의 비전과 이념이 실천되어 가시화·제도화되는 과정에서 구성원들의 마음과 행동이 비전과 이념에 따라 이루어지도록 인사 및 교육제도가 근본적으로 개선되어야 한다.

먼저 인사관리의 경우 평가관리를 중심으로 보상관리, 채용, 승진, 이동관리 등이 기업의 새로운 비전과 이념에 맞게 재설계되어야 한다. 현재와 같은 연공 중심의 보수, 안정적인 성향의 인사관리로는 구성원들을 혁신 및 진취적인 쪽으로 유도할 수 없다.

다음으로 교육훈련의 경우 부문별·계층별 교육훈련 프로그램이 비전과 이념을 중심으로 재설계되어야 한다. 특히 리더십 측면에서 과거의 거래관계적이고 합리적인 것이 아닌 변혁적이고 상징적인 리더십을 비전과 이념을 중심으로 발휘할 수 있도록 하는 교육이 강조되어야 한다.

인사 및 교육제도의 개선 측면에서는 다음의 사항들이 체크되어야 한다.

첫째, 인사고과의 평가항목에 새로운 비전과 이념이 반영되어 있는가?

둘째, 보상관리의 성향이 비전과 이념에 따라 혁신, 진취적인가?

셋째, 신입사원의 선발기준으로 기업의 행동이념이 고려되고 있는가?

넷째, 이동관리가 합리적이어서 개인의 경력설계가 가능한가?

다섯째, 승진관리가 업적과 능력을 중심으로 이루어지고 있는가?

여섯째, 교육훈련 프로그램이 비전과 이념의 관점에서 적합하게 설계되어 운영되고 있는가?

일곱째, 이동, 승진, 교육이 상호 유기적으로 연계되어 경력관리 차원에서 개인의 경력목표가 설정될 수 있는가?

(2) 조직구조와 관리의 혁신

인사 및 교육과 함께 조직구조와 관리의 방식 역시 구성원들의 의식과 행동을 좌우하는 중요한 요소이다. 구성원들의 의식과 행동이 기업의 비전과 이념에 따라 이루어지도록 하기 위해서는 집권적, 관료적 성향을 띠고 있는 기업조직은 분권적, 유기적으로 개편되어야 한다.

한편 기업들의 조직 활성화를 위해서는 거시적 차원의 개혁과 더불어 미시적 차원에서 업무관리의 합리화가 필요하다. 업무수행의 절차나 방법 면에서 불합리하거나 불필요한 요소는 과감히 제거하고 사원들에게 큰 의미를 주지 못하는 절차는 개혁 차원에서 생략하는 과감한 결단이 경영진에게 요구된다.

조직구조와 관리의 혁신 측면에서는 다음의 사항들이 체크되어야 한다.

첫째, 고객만족 같은 비전과 이념이 구현되도록 조직구조가 고객지향적으로 설계되어 있는가?

둘째, 기업조직이 환경적응성을 갖고 구성원들이 혁신, 진취적으로 행동할 수 있도록 팀제, 담당제 같은 평면적·유기적 조직이 설계되어 운용되고 있는가?

셋째, 의사결정, 리더십, 의사소통, 경영정보시스템, 소집단관리 등 조직관리의 방식이 비전과 이념을 구현할 수 있도록 이루어지고 있는가?

3) 전략·정책 혁신

■ 비전과 이념에 입각한 전략경영

기업의 비전과 이념은 경영의 뿌리가 되고 경영관리 전반에서 존중되고 실천되어야 한다. 장기적 안목에서 비전은 중장기 전략으로 구체화되어야 하며, 이러한 중장기 전략을 실천하는 데 철저를 기해야 한다.

한편 비전과 이념에 입각한 전략경영이 가능하기 위해서는 최고 경영진의 실천의지가 회의나 기념식 등에서 수시로 강조되고 공언되어야 한다. 계획은 있되 실천이 없고, 토론만 무성하고 행동이 없는 기업이 되지 않도록 하려는 노력이 중요하다.

비전과 이념에 입각한 전략경영 측면에서 다음의 사항들이 체크되어야 한다.

첫째, 비전과 이념에 따라 전략추진과제들이 구체화되고 있는가?

둘째, 전략추진과제들이 부문별 사업계획과 연계되어 실천되고 있는가?

셋째, 부문별 사업계획의 실천과정 및 결과에 대한 사후관리가 이루어지고 있는가?

넷째, 전략경영에 대한 최고경영진의 실천의지가 강하고 최고경영진이 수시로 이를 공언하고 있는가?

4) 이미지·홍보 혁신

(1) 상징관리의 체계화

기업의 비전과 이념의 전파 차원에서 활용할 수 있는 상징에는 크게 구두상징, 활동상징, 물적 상징이 있다. 구두상징에는 구성원들이 사용하는 언어, 슬로건 등이 속하고, 활동상징에는 동호인 모임, 행사 등이 해당된다. 그리고 물적 상징에는 심벌마크, 사목, 사화 등이 있다.

이러한 상징들은 기업의 비전과 이념에 비추어 전반적으로 재평가되어야 한다. 그리고 필요한 경우 기존의 상징들을 개선하거나 새로운 상징들을 추가로 설정하여 비전과 이념을 효과적으로 전파하고 실천하는 데 적절히 활용해야 한다. 이때 염두에 둘 것은 상징물들이 갖는 상징적 의미이다. 상징물들의 상징적 의미는 기업의 비전과 이념을 반영하고 있어야 한다.

상징관리의 체계화 측면에서는 다음의 사항들이 체크되어야 한다.

첫째, 기업 내에 어떠한 상징들이 존재하며 이들은 어떠한 의미를 갖고 있는가?

둘째, 상징물들이 갖는 상징적 의미들은 기업의 비전과 이념을 잘 반영하고 있는가?

셋째, 기업의 행사들은 비전과 이념에 맞게 운영되고 있는가?

넷째, 기업의 비전과 이념을 전파하고 이해시키기 위해 추가로 도입해야 할 상징은 없는가?

(2) 홍보관리의 전략화

구성원들의 공유가치의 정립과 대외 이미지 제고를 위해서는 대내외 홍보가 기업의 비전과 이념을 중심으로 장기안목적이고 전략적이 되도록 관리할 필요가 있다. 먼저 대내적으로는 다양한 매체를 활용하여 비전과 이념을 전파하는 데 힘써야 한다. 그리고 일방적인 홍보가 아닌 참여에 의한 홍보를 통해 사람들의 관심이 고조되도록 해야 한다.

한편 대외적으로는 개별 기업이 하는 일을 알려 고객의 신뢰를 높이고 기업의 이미지를 제고할 수 있도록 이미지광고를 전략적 안목에서 시도해야 한다. 이때 카피의 내용은 기업의 비전과 이념을 근거로 설정되어야 한다.

홍보관리의 전략화 측면에서는 다음의 사항들이 체크되어야 한다.

첫째, 장기적 홍보전략이 비전과 이념에 따라 갖추어져 있는가?

둘째, 대내외 홍보채널에 어떠한 것들이 있으며, 이들 각각은 비전과 이념의 전파와 실천 측면에서 얼마나 효율적인가?

셋째, 기업의 대외이미지 정립 측면에서 어떠한 매체와 방법을 활용하는 것이 좋은가?

(3) 대외활동의 활성화

홍보관리의 전략화와 더불어 대외활동의 활성화는 기업의 대외이미지 향상을 위해 매우 중요하다. 기업은 고객으로서 소비자, 그리고 국가사회와 더불어 살아가야 할 의무와 책임이 있다.

기업의 대외활동으로는 대고객 사은행사의 이벤트화, 지역사회의 인보사업, 환경보호나 자연보호운동 참가 같은 활동들이 비전과 이념을 실천하는 차원에서 적극적으로 실행될 필요가 있다.

대외활동의 활성화 측면에서는 다음의 사항들이 체크되어야 한다.

첫째, 기업에 어떤 대외활동들이 있는가?

둘째, 기업의 대외활동들이 비전과 이념을 실천하는 차원에서 적합하게 이루어지고 있는가?

셋째, 비전과 이념을 구현하는 측면에서 대외활동으로 어떠한 것을 추가하는 것이 좋은가?

1 초일류기업의 사례

세계에서 가장 오래 존속해 온 기업 중 하나인 **듀폰**(DuPont)은 이렇게 기업문화를 정립해 왔던 기업 가운데 하나이다(김정원, 1991). 명확한 비전과 이념을 보유하고 이를 경영의 기본으로 삼아 모든 경영시스템을 적합하게 정렬(alignment)시키는 과정에서 독특한 기업문화를 만들어 왔다는 점에서 듀폰은 오늘날 벤치마킹의 대상이 되고 있다.

1802년 미국 델라웨어 윌밍턴에서 설립된 다국적기업인 듀폰은 지구상의 삶을 개선하는 일에 매일매일 헌신하고 있다. 듀폰은 세계의 화합, 건강, 그리고 번영을 위해 인류의 근본적인 욕구에 해답(solution)을 주고자 하며, 보다 크게 생각하고 보다 열심히 노력하고 보다 양심적으로 행동하고자 한다. 듀폰은 거의 200년간 경영시스템의 특징을 좌우하는 핵심가치에 헌신해 오고 있다. 듀폰은 인간이 가장 중요한 자원이며, 안전(safety), 건강(health), 환경(environment)에 가장 높은 우선순위가 있음을 믿고 있다. 그리고 듀폰은 고객만족이 목표이므로 최고 품질의 제품과 서비스를 공급하는 데 헌신하고자 한다.

듀폰은 안전과 환경, 기업윤리와 개인존중을 핵심가치로 삼고 전

세계 듀폰이 공통으로 반드시 지킬 것을 강조하고 있다. 이 핵심가치의 중요성은 전 세계의 듀폰 직원에게 수시로 강조되고, 단 한 건의 안전사고 또는 기업윤리 위반사고라도 즉시 전자우편을 통하여 모든 듀폰 직원에게 보고되어 그 중요도를 상기시키고 있으며 이에 대한 실적은 성과상여금에도 영향을 주도록 제도화하고 있다. 이 핵심가치는 듀폰 기업문화의 기본이 되고 있으며 인사관리원칙에서도 적용되고 있다.

휴렛팩커드에는 "인간은 누구나 우수하며 여건만 갖추어지면 실제로 능력을 발휘할 것이다"라는 믿음이 모든 임직원들에게 깊이 뿌리를 내리고 있다(이학종, 1989). 이러한 믿음에 따라 휴렛팩커드는 출퇴근 기록기를 없앴고, 유연근무제(flexible work hour program)를 도입하는 등 인간존중의 경영이념을 바탕으로 기업 특유의 제도와 기법을 개발·활용하고 있다. 특히 순회경영, 문호개방정책, 실험실 개방정책, 업무분담제도와 맥주파티 등은 휴렛팩커드의 경영이념을 잘 반영하고 있다.

GE(General Electric)의 잭 웰치 전 회장은 비전과 이념을 분명히 하고 이에 근거한 근본적인 혁신을 일관성 있게 추구하고자 오랫동안 노력하였다(Tichy & Sherman, 1994). 그리하여 GE는 세계에서 가장 경쟁력이 강한 기업이 되고 있다. 잭 웰치 전 회장은 GE를 "세계에서 가장 경쟁력이 강한 기업"으로 만들겠다는 의욕을 가지고 해당 업종분야에서 모든 기업을 1위나 2위의 회사가 되도록 하였다. 나아가 다양한 구성원들의 의견을 수렴한 다음, 기업의 신념을 표현한 5페이지가량의 가치헌장을 밝혔다. 이 가치헌장은 신중하게 마련되었으나 그 반응은 바람직하지 않았으며 냉소적인 반응도 있었다. 그러나 크로톤빌 연수원을 중심으로 한 진지하고 긴 토론을 통해 공유가치를 만들어 가는 데 노력을 게을리 하지 않았다. 또한 이러한 가치는 채용, 평가, 교육, 보상 등 GE의 인사관리 전반에 침투되어 GE의 구성원들이 이를 공유하지 않을 수 없도록 제도화하였다. 뚜렷한 비전과 이념을 갖고 일관성 있는 혁신을 추진하고 있을 뿐만 아니라 참여를 유도하는 한편 겸손하게 다른 기업으로부터 배우는 학습조직을 지향해 가는 GE의 체질과 문화는 우리의 모델이 되고 있다.

3M은 인간존중의 이념을 중심으로 창의적인 풍토의 조성을 우선과제로 하여 신제품을 가장 많이 배출해 내는 기업 중 하나가 되었다(노사카 이쿠지로 외, 1990). 3M을 세계적인 기업으로 성장시킨 비결은 창의성을 키워 주는 3M의 능력에서 찾을 수 있다. 매년 수백종의 신제품이 3M의 연구실에서 쏟아져 나온다. 이것은 사업부별 연간 매출의 30%는 4년 전에 존재하지 않았던 신제품에서 나와야 한다는 3M의 목표 중 하나에서 기인한 것이라고 할 수 있다. 3M의 연구정신은 "아이디어를 죽이지 말고 잠시 비껴서 생각해 보라"와 "신제품에 대한 아이디어를 죽이지 마라"는 두 가지 격언에 잘 드러나 있다.

또한 3M은 일 주일에 하루 정도는 자기가 가진 아이디어에 대해 연구할 수 있다는 규정(15%룰)을 두어 실질적인 연구의 활성화를 지원하고 있다. 사무실 혁명을 일으킨 포스트잇을 개발한 아트프라이도 이 규정에 따라 근 일 년에 걸쳐 연구한 결과 제품을 만들 수 있었으며, 이 제품의 시장성을 분석하기 위해 다시 수년 동안 연구한 끝에 포스트잇을 전국 상점에 내놓을 수 있었다. 이와 같이 사소한 아이디어라도 그것을 살려 판매 가능한 상품으로 개발할 수 있도록 도전정신과 창의성, 책임감을 전 사원에게 불어넣는 것이 3M의 성공비결이다.

Federal Express의 기본목표는 배달품목이 현지시간으로 오전 10시 반까지 배달되도록 하는 것이다(로버트 워터맨, 1995). 또한 Federal Express의 이념은 사람들에게 좋은 대우를 해 주면 그들은 보답과 이익을 가져다준다는 것이다. 스미스는 자신의 인간제일주의 이념이 사회의 일반적인 경향과 일치하는 것이며 특별한 것은 아니라고 믿었다. 이러한 내용은 Federal Express의 경영자 지침서에도 잘 나타나 있다. Federal Express에는 인간제일주의 사상을 실현하는 데 도움을 주는 두 가지 메커니즘이 있다. 하나는 정기적으로 실시되는 복합적인 설문조사이고, 또 하나는 모든 종업원에게 공정한 처우를 보장하는 프로그램이다. 매년 봄 Federal Express의 종업원들은 29개의 항목으로 이루어진 태도에 대한 설문조사를 한다. 이 외에 Federal Express의 인간제일주의 이념은 공정한 처우보장정책을 통해 구현되고 있다. 설문조사나 공정한 처우보장 같은 Federal Express의 정책은 그들의 인간제일주의 이념을 단순히 뒷받침하는 수준을 능가하고 있다. 그들의 이념 자체에서, 그리고 그것을 신뢰하게 만드는 시스템 속에서 우리는 Federal Express 사람들의 단결, 조직운영, 일관된 전략적인 성공을 엿볼 수 있다.

1914년 토머스 왓슨 1세가 IBM(International Business Machines)

을 창업했을 때 제일 먼저 한 일이 종업원의 행동규범을 설정하는 일이었다(벅 로저스, 1990). 다른 야심적인 창업가들과 같이 왓슨 1세 역시 회사를 경제적으로 성공시키는 것을 바랐으나 그 외에도 자신의 개인적 가치관을 반영한 회사를 만들기를 원하였다. 그리하여 그의 가치관은 IBM의 기초가 되었고 그 후 IBM에서 일하는 모든 종업원은 왓슨 1세의 "IBM이 어떤 회사이어야 하는가"를 정확히 이해하게 되었다. 왓슨 1세의 기업신조는 1956년 아들인 왓슨 2세가 최고책임자의 지위를 물려받았을 때 그대로 계승되었는데, 그 내용이 너무나 간단하여 회장부터 말단 종업원에 이르기까지 누구나 쉽게 이해할 수 있는 것이었다. IBM의 신조는 다음과 같다. ① 개인을 존중해야 한다. ② 고객에게는 가능한 한 최고의 서비스를 제공해야 한다. ③ 탁월성과 뛰어난 업적을 추구해야 한다. 이 3가지 신조는 IBM의 핵심가치로서 전 사원에게 매우 중시되어 IBM의 경영 정책과 경영행동은 이들 신조에 직접적인 영향을 받고 있다.

현재의 **맥도날드**를 가능하게 한 크록 회장의 경영비법 중 핵심은 QSC&V, 즉 품질(quality), 서비스(service), 청결(cleanliness) 및 가치(value)로 요약되는 맥도날드의 정신에서 찾을 수 있다(J. F. 러브, 1990). 이러한 정신이 제품개발, 프랜차이지의 평가, 납품관계, 교육 훈련 등 경영 전반에 침투되고 실천되었으며 오늘날에도 그 맥을 이어가고 있다.

맥도날드의 점포 경영주는 개업하는 날부터 "가는 곳마다 깨끗이 하라"는 가르침을 받는다. 가게 바닥을 걸레질하고 카운터를 닦는 일은 수시로 해야 할 작업이고, 그러기 위해 전 종업원은 항상 청소용 행주를 휴대하고 있어야 했다. 크록 자신도 청결을 철저히 지키기 위해 디스플레인스 점포에 나오면 주말에는 직접 청소부가 되어 쓰레기를 치우고 주차장을 정리하고 가게 앞의 시멘트 바닥에 붙은 껌을 긁어 내었다.

크록은 자신이 강조한 가치(QSC&V)를 되풀이하여 위반한 사람은 용서하지 않았다. 맥도날드는 이러한 핵심가치를 맥도날드 특유의 햄버거 대학에서 철저히 학습시키고 있다. 맥도날드의 비전은 "세계 최고의 퀵 서비스 레스토랑"이 되는 것이다. 이것은 QSC&V를 통해 지속적으로 고객을 만족시킨다는 것을 뜻한다. 업의 특성에 대한 이해와 이에 근거한 뚜렷한 비전과 이념의 제안, 그리고 그 실천을 위한 크록의 솔선수범 및 상징적 리더십은 오늘날 맥도날드에 생생하게 살아 있으며 다른 기업과 경영자들에게 좋은 본보기가 되고 있다.

2 필자의 경영추진 사례

1) 한국방송통신대학교 경기지역대학 사례

(1) 추진배경과 취지

2008년 10월 24일 수원시가 주관하는 제3회 평생학습축제가 수원 종합운동장에서 펼쳐졌다. 전국 최고의 평생학습도시를 자랑하는 수원시에 소재하는 36개 평생학습 유관기관이 참여하고, 우리 경기지역대학 역시 학생회가 참여하여 우리 대학의 홍보활동을 실

시하였다. 경기지역대학 총학생회는 우리 대학 홍보에 역점을 두고
우리 대학 교재를 체험하는 시간, 홍보동영상 방영, 점핑클레이와
부채시화 만들기 등 다채로운 행사를 마련하여 좋은 반응을 얻었다.
지역사회에서 한국방송통신대학교의 위상을 고려한 경기지역대학
총학생회 이혁주 회장의 치밀한 사전 준비작업은 개막식에서도 빛
을 발하였다. 지역사회의 주요 인사들과 함께하는 개막식을 치르는
동안 우리 경기지역대학이 해야 할 일이 더욱 명확해졌고, 9월 1일
학장 취임 후 준비한 경기지역대학의 비전과 이념이 잘못되지 않았
다는 확신이 들었다.

  이제 그동안 만났던 경기지역대학 재학생, 동문, 교직원 등 다수
의 의견을 수렴하여 확정한 후 널리 알리고 비전과 전략들을 착실하
게 실천하는 것이 필요할 때임을 자각하였다. 특히 지식기반의 경제
와 사회에서 경기지역이 우리 대학에 기대하는 바가 매우 크다는 것
도 깨달았다. 이에 부응하여 우리 대학은 평생학습을 통해 경기지역
주민들의 지식의 창출과 공유 기회를 늘려야 하고, 양극화 등 다양
한 지역사회의 문제해결에 적극 동참하는 대학이 되어야 한다는 것
도 확인하였다. 단순한 이전소득으로서 복지 확충이 아니라 교육복
지를 통해 양극화 문제를 근본적으로 해결하는 데 있어서도 우리 대
학의 공헌 가능성은 그 어느 대학보다 크다고 자부할 수 있었다. 그
리하여 우리 경기지역대학은 〈지역사회와 함께하는 대학〉, 〈지속적
으로 성장하는 대학〉, 〈구성원들이 행복한 대학〉이 되어 〈평생학습
사회를 선도하는 최고의 지역대학〉으로 비상하고자 각오를 새롭게
하였다.

지식기반의 경제와 사회에서 우리들이 지속적으로 성장하고 발전하기 위해서는 개인이나 집단 차원뿐만 아니라 조직이나 사회 차원에서도 학습을 해야 한다. 이에 우리들은 경기지역 사회의 지속가능 성장을 위하여 지역사회가 전체적으로 학습하는 학습사회(learning society)를 만드는 데 앞장서야 한다. 이제 학습사회는 선택의 문제가 아니라 필수이다. 이를 위해 경기지역대학은 〈학습사회 만들기 포럼〉을 운영할 계획을 수립하였다. '함께하는 학습사회'라는 슬로건을 내걸고 시작한 〈학습사회 만들기 포럼〉이 경기지역대학을 중심으로 하는 우리 대학의 재학생, 졸업생, 그리고 교직원 간의 유대 강화에 기여하고 나아가 〈지역사회와 함께하는 대학〉으로 우뚝 서는 계기가 되기를 기대해 보았다.

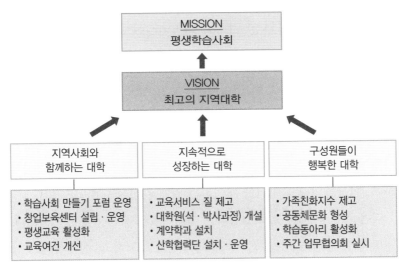

[그림 2] 한국방송통신대학교 경기지역대학의 비전과 이념

학장 취임 후 매주 이어지는 축제에서 만났던 재학생과 졸업생들의 불평과 불만은 지역사회에서 우리 대학의 위상이 너무 미미하다는 것이었다. 그 결과 우리 재학생과 졸업생들의 대학에 대한 애교심과 자긍심이 기대한 것보다 높지 않다는 점도 지적되었다. 그리고 재학생과 졸업생들이 구심점이 없어 상호 간에 유대감이 약하다는 것이었다. 이러한 문제에 대한 해결방안으로 준비한 것이 새로운 경기지역대학의 비전과 이념이다(그림 2 참조). 비전 구현의 출발점을 포럼에 둔 것도 이러한 문제의식에 근거를 두고 있다.

(2) 경기지역대학의 비전과 이념

2009년은 경기지역대학의 비전경영을 구현하는 원년이 되었다. 2008년 9월 1일 부임한 이후 직원, 재학생, 졸업생들의 의견을 수렴하여 설정한 경기지역대학의 비전이 〈최고의 지역대학〉이다. 13개 지역대학 중 최고가 되고, 나아가 경기지역의 대학 중 최고가 되자는 것이 바로 경기지역대학의 목표이다. 이를 달성하기 위해서는 고객, 대학, 직원이 공존 공영하는 전략이 필요하다.

먼저 우리 지역대학은 고객 차원에서 〈지역사회와 함께하는 대학〉이 되고자 한다. 구체적으로는 대학, 학생, 졸업생이 함께하는 〈학습사회 만들기 포럼〉을 운영하고, 지역주민을 위한 평생교육을 활성화하며, 학생들의 교육여건을 개선하는 일에 최선을 다하고자 한다.

다음으로 〈지속적으로 성장하는 대학〉이 되고자 한다. 강사, 튜터, 멘토의 질 관리 등을 통해 교육서비스 질을 제고하고, 산학협력단 사업을 활성화하는 등 대학의 성장과 발전에 노력을 경주하고자 한다.

마지막으로 〈구성원들이 행복한 대학〉이 되고자 한다. 구체적으로는 재미경영(fun management)이나 자율근무시스템 구축을 통해 가족친화지수를 높이는 가족친화적 직장을 만들고, 직원 상호 간에 화합하는 공동체문화를 형성하며, 동시에 학습조직 구축 차원에서 학습동아리(CoP, community of practice)를 활성화하고자 한다. 나아가 주간 업무협의회 등을 통해 대학의 의사소통을 원활히 하여 업무의 통합조정이 잘 이루어지도록 하고자 한다.

(3) 주요 성과

경기지역대학이 비전과 이념을 중심으로 한 경영을 실시함에 있어 먼저 대학 최초로 산학협력단의 지부형태로 경기지역산학협력단을 설치하였다. 나아가 역시 대학 최초인 평생학습센터를 설치하였으며 학습사회 만들기 포럼을 구성하여 운영한 점을 주요 실적으로 이야기할 수 있다.

산학협력단의 설치와 운영에 관해서는 뒤에서 다루기로 하고 여기서는 평생학습센터 및 학습사회 만들기 포럼의 설치와 운영에 대하여 살펴본다.

가. 경기지역대학 부설 평생학습센터

한국방송통신대학교 경기지역대학은 경기지역대학 부설 평생학습센터를 설치하여 운영하기로 하고 이에 대한 내부결재를 2011년 3월 8일 실시하였다. 주요 내용을 개요, 추진배경과 목적, 추진방향, 추진체계, 세부추진계획으로 나누어 살펴보면 다음과 같다.

가) 개요

□ 개소일시: 2011. 3. 8.

□ 장소: 한국방송통신대학교 경기지역산학협력단(수원시 장안구 정자 2동 29-11)

□ 참여대상: 방송대 동문 및 재학생, 평실사 회원, 지역주민

□ 운영기관: 한국방송통신대학교 경기지역대학

□ 위탁기관: 평생학습을 실천하는 사람들(약칭: 평실사, 경기도 비영리등록단체)

나) 추진배경과 목적

□ 추진배경

① 제3인생의 시대에 대비하여 평생학습을 통한 개인의 성장과 노후 인생설계로 적극적인 사회적응력이 요구됨.

  – 단순히 취미 위주의 학습이 아닌 조화로운 삶을 지향하고 고령화시대의 사회적 문제를 학습으로 풀어 나가는 시스템 마련

② 방송대인들의 능력개발을 통해 졸업 후 진로설정에 대한 비전을 제시할 수 있는 대학의 경쟁력 제고가 필요함.

  – 방송대생들이 재학 중 평생교육활동을 통해 진로를 결정하고 개인의 능력개발에 중요한 동기를 부여하여 학교에 대한 자긍심을 고취시키는 계기 마련이 요구됨.

③ 평생학습을 통해 다양한 자격증 취득 등 전문지식을 습득하게 함으로써 개인의 재능과 능력을 사회에 환원할 수 있는 시스템이 필요함.

－ 평생학습센터의 강의 및 강좌를 통해 전문지식을 습득하여
　　교육전문봉사단으로 지역사회와의 나눔을 실천

□ 목적

① 방송대인과 지역주민이 함께 배우고 즐기고 나누며 성장할 수
　있는 학습의 장 마련으로 평생학습에 대한 관심과 참여를 촉진
　하고, 학습자들의 학습성과 및 정보교류를 통한 네트워크 강화
　로 '이념과 비전이 있는 평생학습문화'를 조성하고자 함.

② 방송대 동문 및 재학생들의 역량을 펼칠 수 있는 장을 마련하
　여 참여자들의 학습·성장은 물론 졸업 후 진로와 연결될 수
　있도록 기회를 제공하고자 함.

다) 추진방향

□ 지역 평생교육기관 및 교육봉사활동 터전들과의 네트워크 구
　축·강화

□ 평생교육과 연계성이 높은 외부기관의 교육사업 공모에 참여

□ 일자리 창출 및 노후 재설계 프로그램에 초점을 맞춘 강좌 운영

□ 방송대 재학생 및 졸업생들의 역량강화를 위한 허브 역할

□ 지자체, 지역 평생교육기관, 평생학습관들과의 정보수집 및
　교류

라) 추진체계

　평생학습센터의 설치 및 운영을 위한 추진체계는 [그림 3]과 같
다. [그림 3]에서 보듯이 경기지역대학의 평생학습센터는 자체적으

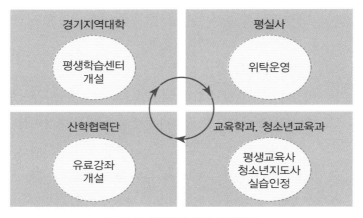

[그림 3] 평생학습센터 추진체계

로 운영하기에는 인적자원 등의 한계가 있어 주변에 존재하는 활용 가능한 자원과의 연계를 실시하고, 관련 기관들과의 네트워크를 구축하여 운영하도록 되어 있다. 즉, 경기지역산학협력단, 평실사, 그리고 교육학과 및 청소년교육과 학생들과 함께 시너지효과를 나타내도록 운영하게 되어 있어 경기지역대학 직원들의 업무량 감소와 더불어 외부 전문인력의 활용을 자연스럽게 유도하고 있다. 예를 들어 경기도나 수원시의 공모사업에 응모할 경우 사업계획서는 외부 전문가집단인 평실사의 도움을 받고 그 운영을 공동으로 하는 것과 같다.

마) 세부추진계획

주요 사업내용을 네트워크 구축 및 강화, 공모사업, 일자리 창출 및 노후 재설계, 역량강화 및 인적 네트워크 구축, 정보수집 및 교류 분야로 나누어 살펴보면 〈표 1〉과 같다. 이러한 세부추진계획에 따라 2012년에는 수원시 지원과제를 승인받았고, 2013년에는 수원시와 경기도의 지원과제를 승인받아 대학에서 지원하는 지역대학발전 특성화 사업과 함께 추진해 오고 있다.

〈표 1〉 세부추진계획

구분	내용	장소	주요 내용
네트워크 구축·강화	워크숍 실시	평생학습센터 경기지역대학 경기지역학습관	•연 2회 워크숍 개최로 네트워크 구축·강화
공모사업	외부 공모 프로그램 참여	〃	•시·도 기관의 프로그램 공모에 참여
일자리 창출 및 노후 재설계	방송대 평생교육 활성화 사업, 무료강좌 실시	〃	•방송대 평생교육활성화 사업의 기획 및 운영으로 평생학습센터 내부 전문강사들에게 일자리를 제공 •평생학습센터 무료강사 운영으로 강사 경력개발 및 직무능력 향상 •무료강좌를 통해 노후 재설계 기회 제공 •방송대와 평생학습센터의 홍보와 활성화 도모
역량강화 및 인적 네트워크 구축	실습프로그램 개발, 운영	평생학습센터	•평생교육사 실습프로그램 개발 및 운영
	교육봉사	봉사터전	•교육봉사단 운영으로 개인능력 향상 및 사회참여로 인적 네트워크 구축
정보수집 및 교류	평생학습축제 참여 (전국 도·시)	축제장	•평생학습축제 참여를 통해 평생교육 기관들의 정보수집 및 교류 •지자체 평생교육 관계자 직무연수 등을 통해 개인의 역량 향상 및 인적 네트워크 구축

나. 학습사회 만들기 포럼

2009년 3월 19일 김문수 지사의 초청강연(주제: 대한민국의 미래, 경기도)을 시작으로 '지역사회와 함께하는 지역대학'이라는 경기지역 대학의 하위비전을 구현하는 차원에서 학습사회 만들기 포럼이 힘차게 출발하였다. 이 행사는 포럼의 출발을 널리 알리는 목적에서 한국방송통신대학교의 대표인 장시원 총장과 경기지역 대표인 김문수 지사의 초청이 동시에 이루어졌다. 이어서 심동섭 경기지방 중소기업청장을 초청하여 '우리 경제의 미래-청년, 중소기업'이라는 주제로 강연을 실시하는 등 지역사회의 학습사회 만들기에 앞장서는 계기를 마련하였다.

〈학습사회 만들기 포럼〉의 비전과 이념은 [그림 4]와 같다. '평생학습사회'를 포럼의 존재 의의와 사명으로 삼고 이를 위해 포럼은 경기도에 존재하는 여러 포럼 중에서 '최고의 포럼'이 되고자 한다. 이를 구현하기 위해 포럼은 '지역사회와 함께하는 포럼', '지속적으

[그림 4] 학습사회 만들기 포럼의 비전과 이념

로 변화하는 포럼', '누구나 오고 싶은 포럼'이 되어야 한다. 나아가 이러한 하위비전을 구현하고자 하는 전략들을 운영위원회에서 마련하도록 하였다. 이러한 비전은 세 가지 관점인 고객, 포럼, 회원의 3주체가 3자 공영하는 논리로 구성되어 있어 이것도 균형성과(BSC) 모델의 원리를 적용하고 있음을 알 수 있다. 특히 이 포럼은 '지속적으로 변화하는 포럼'이 되기 위해 그 실체가 조직으로 영속성을 갖추어야 하기에 경기도에 비영리단체로 등록되도록 하였다.

이 포럼의 성격과 활동영역을 알기 위해서는 운영규정을 참조하는 것이 필요하다. 학습사회 만들기 포럼의 운영규정(2008. 10. 2. 제정) 중 주요 내용을 살펴보면 다음과 같다.

제1조 (명칭)

이 포럼은 '평생학습사회 만들기 포럼'이라 칭한다.

제2조 (목적)

이 포럼은 평생학습사회 만들기 관련 산·학·연·NGO·공무원 등 전문가들의 상호 협력 및 교류의 장으로서 회원 사이의 학습·토론·연구를 통해 평생학습사회의 조기 정착과 활성화에 기여함을 목적으로 한다.

제3조 (활동)

이 포럼은 제2조의 목적을 달성하기 위하여 다음과 같이 활동하며, 각 활동을 원활히 하기 위해 분야별 별도의 실무위원회를 설치·운영할 수 있다.

① 학습사회 만들기 관련 자료의 수집, 토론회, 세미나, 사례 탐방

② 학습사회 만들기 사업 추진상 문제점 발굴 및 해소방안 검토

③ 제도 개선사항 도출 및 건의

④ 기타 포럼의 목적에 의하여 필요하다고 인정되는 활동 등

이상과 같은 경기지역대학의 비전과 이념에 따른 신규 사업이 한국방송통신대학교 최초의 사업으로 수행되면서 여러 가지 성과가 나타나고 있다. 요즈음 한국방송통신대학교에 무엇보다 급선무인 입학자원 확보의 경우를 보면, 경기지역대학의 경우 입학지원자 확보에서 가장 좋은 실적을 보이고 있다. 전년 대비 지원자 증감을 나타내는 통계에서는 연도별로 부침은 있었으나 경기지역대학의 전반적인 입학지원자 수가 2010년 수준을 꾸준히 유지하고 있다. 전체적인 입학지원자의 감소추세 속에서 경기지역대학의 입학지원자의 감소가 이루어지지 않고 일정 수준을 유지할 수 있다는 점은 높이 평가할 만하다.

또한 지역대학의 경영평가를 종합적으로 시행하는 대학 자체평가에서 2012년에 13개 지역대학 중 최우수 지역대학으로 선정되었다. 이 외에도 지역사회에서 아웃사이더가 아닌 인사이더로 평가받아 수원시와 경기도의 공모사업에서 지원승인을 매년 받아 오고 있다. 2012년에는 수원시로부터 평생학습 우수프로그램 지원공모사업에서 시니어 건강매니저 양성과정을 승인받은 바 있다. 2013년에는 수원시로부터 평생학습 우수프로그램 지원공모사업에서 수원시민 평생교육 코디네이터 양성과정을 승인받아 450만 원을 지원받았고, 나아가 경기도로부터 Golden Triangle Project 신규사업을 승인받아 도비 2,000만 원과 시비 900만 원을 지원받기도 하였다. 이 밖에

평생학습축제에 수원시의 지원을 받아 참여하는 등 '지역사회와 함께하는 경기지역대학'이라는 비전은 지금도 끊임없이 실현되고 있다. 이와 관련하여 지역언론에도 경기지역대학이 자주 노출되어 대학의 이미지 제고에 크게 공헌하고 있어 지속적인 입학자원 확보에도 도움이 될 것으로 본다.

2) 한국방송통신대학교 경기지역산학협력단 사례

(1) 추진경과

2008년 10월 8일 "경기지역산학협력단의 설치를 허용하고, 경기지역대학장이 당연직으로 경기지역산학협력단장을 겸한다"는 2008년 3차 산학협력단 운영위원회(2008년 10월 6일)의 결의사항을 통보받고, 경기지역산학협력단을 위탁시킬 (주)리베로파트너스와 2008년 10월 11일 양해각서를 체결하여 경기지역산학협력단의 업무가 본격적으로 시작되었다.

설립 당시에는 성남(분당)학습관에서 국가공인 직업상담사 2급 자격증과정, 의류리폼 기본 및 고급과정, 웹디자인과 쇼핑몰 제작과정, 미술치료사, 미술심리상담사, 인지학습지도사 및 성공창업패키지과정 등 국비지원 교육과정을 제공하다가 수원시 정자동에 위치한 경기지역대학 구관이 2년간의 리모델링공사를 끝내고 2010년 6월 초 '경기지역산학협력단'이라는 새로운 모습으로 태어났다. 이 건물의 주요 기능으로는 지역 학생 및 인근 주민들의 직업능력 개발교육 및 인성교육을 실시하는 '산학교육센터'와 독립적인 사무공간을 저렴하게 대여하고 경영, 기술에 대한 컨설팅을 제공하여 창업을 성공적으로 이끄는 역할을 하는 '창업보육센터'가 있다.

산학교육센터는 정부에서 실업난 해소방안으로 추진 중인 직업능력개발계좌제 확대 시행에 맞춰 노동부의 승인을 받아 실업자는 물론 비정규직과 재학생, 기타 야간대학 및 사이버대학 재학생에게 문호를 개방하여 36개 과정에 달하는 다양한 직업교육을 실시하고 있다. 그뿐만 아니라 지역주민들과 정규직 종사자에 대해서도 직업능력 향상을 위한 학습과정을 제공하고 있다.

창업보육센터는 산학교육센터의 직업능력교육 수료 이후 취업 또는 창업에 이르는 원스톱서비스 운영체계를 구축하는 한편, 기술과 사업성은 있으나 자금, 사업장 및 시설 확보에 어려움이 있는 창업자 또는 예비창업자에게 개인 또는 공동작업장 등의 시설을 저렴하게 제공한다. 아울러 경영, 세무, 기술지도 등의 지원을 통해 창업에 따른 위험부담을 줄이고 원활한 성장을 유도함으로써 창업을 촉진하고 창업성공률을 높이는 것을 주목적으로 하는 사업을 수행한다.

지금까지는 중소기업상담회사인 (주)리베로파트너스(창업보육센터 자문사)가 상주하면서 중소기업의 사업성 평가, 경영 및 기술 향상 용역 및 사업, 자금알선, 창업절차 대행 등의 업무를 지원하고 있다. 또한 전문교수들이 보유한 전문기술, 특허자료 등을 토대로 R&D 등 정책자금을 지원받아 창업까지 연결하는 연결고리 역할을 할 수 있도록 관련 역량을 꾸준히 개발해 오고 있다.

경기지역산학협력단의 설립목적, 기능, 연혁 등을 살펴보면 다음과 같다.

□ 설립목적
- 평생학습사회를 선도하는 산학교육센터 운영
- 방송대 및 산업체, 연구소의 경쟁력 강화 및 견고한 산학협력체
  제 구축
- 평생대학의 견고한 수익창출 및 방송대 졸업생 취업기반 조성

□ 기능
- 한국방송통신대학교 산학협력단의 하부조직으로 유일의 지역산
  학협력단
- 방송대생, 지역주민, 구직자 등에게 창업/취업/자기계발 기회
  제공
- 하부조직으로 창업보육센터, 산학교육센터, 창업/취업지원센
  터 운영

□ 연혁
2008. 10. 8. 경기지역산학협력단 설립
2008. 10. 11. (주)리베로파트너스와 위탁운영에 관한 양해각서
              체결

〈교육기관 지정〉
2009. 2. 25. 한국산업인력공단 고용촉진단기적응훈련 위탁실
              시기관 선정(상품포장, 봉제보조원, 의류수선원)
2009. 2. 25. 중소기업청 상인위탁교육기관 선정(주최: 중소기업청)

2009. 11. 27.　성공창업패키지 교육(미용/의류)(주최: 소상공인
　　　　　　　　진흥원)

2011. 2. 28.　　소상공인진흥원 경영개선교육 및 슈터대학 교육
　　　　　　　　기관 선정

2012. 3. 21.　　소상공인대학 창업학교 지정

〈훈련기관 지정〉

2009. 3. 20.　　노동부 직업능력개발계좌제 훈련기관 선정

2009. 6. 5.　　한국생산성본부 ITQ 고사장 지정

2009. 7. 10.　　한국생산성본부 ICDL ATC(Approver Test Center)
　　　　　　　　지정

2009. 11. 27.　성공창업패키지 교육훈련기관으로 승인

〈체결한 MOU협약〉

병원컨설팅 미래써어치(www.miraesearch.co.kr)

세탁전문업체 (주)크린토피아(www.cleantopia.com)

한국표준협회(www.ksa.or.kr)

삼경씨앤엠(www.skcnm.com)

MB심리인지연구소

쩨씨(네일)아카데미

에듀윌

한우리독서문화운동본부

에니어그램교육연구소

(2) 비전과 이념

누구에게나 열려 있는 온 국민의 평생대학인 한국방송통신대학교는 '평생학습사회를 선도하는 열린대학'으로 사회가 요구하는 새로

▷ (Mission) Your Best Partner of Cooperation & Networking
  (의미) 산학협력과 네트워킹을 통해 재학생, 졸업생, 지역주민에게 방송대학 교육에서 충분하게 제공하지 못하는 실험실습과 직업능력개발의 기회를 제공해 주는 데 경기산학의 존재 의미가 있음.
▷ (Vision) 교육에서 창업/취업까지 지원하는 최고의 Total Service Center
  (목표) 매출액 증가율 30%/신사업 매출액 비율 20%/취업자 증가율 20%/창업자 증가율 20%

Sub-vision	세부목표(주요 전략)
〈고객 관점〉 고객을 만족시키는 최고의 경기산학	① 최고의 강사진 확보 ② 졸업생 및 재학생과 지역주민의 욕구에 부응하는 교육프로그램 제공 ③ 대내외 이미지 제고
〈영역 관점〉 교육에서 창업·취업까지 지원하는 최고의 경기산학	① 교육센터의 획기적 도약 ② 보육센터의 안정화(입주 및 원격보육) ③ 창업·취업지원센터의 조기정착
〈성장 관점〉 지속적으로 성장하는 최고의 경기산학	① 새로운 협력시스템과 네트워크 개발 ② 신교육과정 개발·운영 ③ 조직 및 업무시스템 개선·보완
〈직원 관점〉 직원이 행복한 최고의 경기산학	① 가족친화적 경영 도입 ② 직원 및 강사 역량개발 지원 ③ 개방과 신뢰의 유연한 조직문화 정착

[그림 5] 경기지역산학협력단의 비전과 이념

운 지식과 정보를 제공하는 소중한 역할을 수행해 왔다. 아울러 한국방송통신대학교는 산업교육을 진흥하고 산학협력을 촉진함으로써 지식정보화 사회의 요구에 부응하고 국가의 발전에 이바지하기 위하여 산학협력단을 설치하여 운영하고 있다. 한국방송통신대학교 경기지역산학협력단은 45만 명의 졸업생과 18만 명의 재학생, 구직자/주부를 대상으로 노동부 직업능력개발계좌제, 수강지원금, 고용촉진 단기적응훈련 등 다양한 강좌를 개설해 우수한 방송대 교수진을 포함 산학협력단 전임강사들로 교육프로그램을 운영하고 있으며 원스톱서비스 운영체계를 구축하여 전문인재들을 사회에 적극 배출해 내고 있다.

경기지역산학협력단은 직업능력개발과 실업난 해소를 위해 열려 있는 국립대학으로서 사회적 책임을 다하고자 [그림 5]와 같은 비전과 이념을 설정하여 운영하고 있다. [그림 5]를 보면 비전과 이념을 전략과제와 함께 제시하고, BSC모델의 원리에 따라 이해관계자 관점별로 하위비전을 두고 있다.

(3) 주요 성과

가. 창업보육센터의 설치·운영

경기지역산학협력단의 비전과 산학협력단 운영위원회의 승인에 의해 2010년 3월 26일 규정을 공포하여 경기지역산학협력단 산하에 창업보육센터를 설립하였다. 경기창업보육센터는 수원의 신흥개발지역인 장안구 정자동에 위치함으로써 주변의 경기 디자인스튜

디오, 경기 디지털콘텐츠진흥원, 경기지방 중소기업청, 경기 중소기업종합지원센터 등 관련 기관의 우수한 인력과 첨단장비 및 시설을 활용할 수 있는 위치에 있다. 개요는 다음과 같다.

- 대지면적: 2702.8m²(817.6평)
- 연면적: 3662.7m²(1109.9평)
- 건물형태: 지하 1층, 지상 4층 건물
- 주요 역할
  ① 산학교육센터에서 운영하는 직업능력교육과정의 의류리폼 및 IT, 어플리케이션, E-learning콘텐츠, 환경·수질개선 등 관련 수료생의 창업지원
  ② 1인 지식기업의 창업수요 발굴을 위하여 본 대학 등록학생 및 졸업생을 대상으로 영상콘텐츠 제작, 방송장비 수리업, 만화캐릭터 디자인, 메이크업, 의상디자인 및 인터넷 의류판매, 한복의상 디자인, 전문유니폼 디자인 등 1인 창업분야를 적극 발굴하여 지원

이러한 창업보육센터의 목적 및 기능을 규정을 통해 살펴보면 다음과 같다.

- 목적: 창업 및 신기술보육을 희망하는 자에게 행정·재정, 경영, 기술 등을 지원함으로써 아이디어의 제품화와 신기술 벤처기업의 창업 촉진을 도모하여 지역경제의 발전과 산업구조의 고도화를 실현한다.
- 기능: 창업보육센터는 그 목적을 달성하기 위하여 다음 각 호의 업무를 수행한다.

1. 입주자 선정, 졸업 및 퇴거에 관한 사항
2. 기술개발 연구지원 및 경영지도
3. 한국방송통신대학교와 입주자 간의 상호 연구인력 교류 및 공동연구
4. 산업자금 및 기술에 관한 정보 제공
5. 창업교육 및 연수지원
6. 시설·설비 및 인력지원
7. 유망창업자 발굴 및 외부투자자 유치
8. 경영·무역·법률 등 제반 문제에 대한 자문
9. 기타 센터의 설치 목적에 부합하는 각종 사업

이상에서 보는 바와 같은 창업보육센터의 개요, 목적 및 기능에 따라 현재 다양한 업종의 기업들이 쾌적한 환경에 입주해 있으며, 이를 통해 지역사회와 함께하는 지역대학이라는 하위비전도 구현되고 있다.

한편 경기지역산학협력단은 입주보육에 이어 원격보육을 실시하기로 하여 원격지에 있는 기업 중 가능성이 있는 기업들을 선정하여 생산, 판매, 경영 차원에서 지원을 제공하여 성과가 있을 경우 기여도에 따라 적절하게 협약에 의거해 분배하기로 하였다. 2012년에는 그 첫 성과로 영산식품을 선정하여 국산재료를 이용하여 전통방식으로 발효시킨 고추장, 된장, 그리고 참기름 등을 판매하여 그 수익을 배분받기도 하였다.

나. 창업·취업지원센터 설치·운영

경기지역산학협력단은 산학교육센터를 통해 2009년 말부터 2012년 8월까지 실업자 1,435명에 대해 국비를 지원받아 교육을 시행하였다. 특히 실업자 대상 직업상담사과정은 878명을 교육하여 그중 242명이 자격증을 취득하였으며, 고용지원센터, 지자체 일자리센터 등에 188명이 취업하였다. 그리고 실업자 의류리폼과정은 445명을 대상으로 실무위주의 교육을 진행하여 47명을 창업 및 취업시켰다.

이와 같이 비교적 양호한 교육 및 창업과 취업 실적에도 불구하고 기존 교육과정 운영은 교육을 통한 창업 및 취업과의 실질적 연계가 미흡하였다. 따라서 교육생, 방송대생 등에게 창업 및 취업 등 관련 정보제공 및 상담을 통해 교육에서부터 창업, 취업 및 경력개발까지 지원하는 원스톱서비스 운영체계를 구축하기 위해 취업 및 창업지원센터를 개설할 필요가 있었다. 이러한 필요에 따라 한국방송통신대학교 경기지역산학협력단은 2011년 5월 20일부터 취업 및 창업지원센터를 경기지역산학협력단에 설치하여 운영하였다. 취업 및 창업지원센터에는 수원과 성남에 각 1명씩 2인의 취업지원관이 채용되어 교육이수생 및 지역주민들을 대상으로 취업 및 실습기회를 제공하였다. 이러한 지원에 힘을 얻어 경기지역산학협력단에서 교육을 이수하고 직업상담사 자격을 취득한 수료생들에게 많은 취업기회를 줄 수 있었으며, 수원시 및 성남시의 일자리센터와 협약을 맺어 봉사하는 활동도 활성화되었다(아주경제, 2013. 6. 3). 한편 이러한 서비스는 한국방송통신대학교에서 최초로 제공한 것이다.

다. 방송대 이미지 제고 등 직간접 효과 획득

경기지역산학협력단이 운영을 통해 거양하고 있는 성과를 대학 홍보, 입학자원 확보, 대학책무 이행, 보유자원 활용 차원에서 살펴보면 다음과 같다.

가) 대학홍보

교육생 모집을 위한 수시홍보(지자체 홈페이지, 지역신문, 학교소식 및 방송대신문 등. 매일경제, 2013. 6. 17; 매일경제, 2013. 6. 26; 조선일보, 2010. 4. 18; 조선일보, 2010. 3. 22 참조) 및 유료광고(내일신문, 메트로, 분수넷 등)를 통해 지역사회에 우리 대학을 널리 알리고 있을 뿐만 아니라 강사와 수강생들이 우리 대학을 직접 방문하여 실제 강의를 하고 강의를 듣는 체험을 하는 동안 우리 대학에 대한 호감도를 높이는 계기가 되고 있다.

나) 입학자원 확보

산학협력단 교육서비스의 수혜대상들이 우리 대학에 입학하고 주변에 입학을 권유하는 등 입학자원 확보에 큰 도움이 되고 있다. 2010년 신편입생 입시의 경우 수도권의 전반적인 감소 추세에도 불구하고 경기지역의 경우 비교적 감소 추세가 작은 것으로 나타났다. 특히 집중적으로 홍보하고 교육서비스를 제공하고 있는 성남의 경우 신편입생 모집인원이 전년과 큰 차이가 없는 것은 매우 긍정적으로 평가할 만하다. 전반적인 입학지원율 감소 속에서도 경기지역대학의 경우 현재까지 2010년 수준을 유지하고 있다.

다) 대학책무 이행

졸업생과 재학생 및 주민을 대상으로 하는 교육서비스 제공을 통해 취업, 창업 및 경력개발을 지원하는 것은 대학의 기본책무이지만 이에 대한 우리 대학의 지원은 평생교육활성화 사업 외에는 미미한 편이었다. 그러나 경기산학에서는 기성회비(2009년의 경우 2,300만 원)로 운영되는 평생교육과 달리 국비를 지원받아 졸업생과 재학생 및 주민을 대상으로 취업, 창업 및 경력개발을 지원하는 책무를 이행하고 있다. 2009년 4월부터 2010년 4월까지 4억 1,000만 원 정도의 국비를 지원받아 1,285명(이 중 50%는 방송대 재학생 및 졸업생)에게 교육서비스를 제공하였다. 2012년 말까지 경기지역산학협력단은 대략 30억 원의 국비를 지원받아 지역사회 주민과 우리 재학생 및 졸업생에게 제공하였다. 이 과정에서 1억 5,000만 원의 운영이익도 확보하여 그중 3,000만 원은 대학발전기금으로 발전기금재단에 기부한 바 있다. 이에 따라 경기지역산학협력단은 2013년 7월 15일에 제막식을 가진 우리 대학 명예의 전당에 브론즈 클럽으로 올라 있다.

라) 보유자원 활용

대학이 보유하고 있는 국유재산 등 국가기관들이 보유한 자원을 방치하면 국가적으로 낭비가 클 수 있어 정부에서는 국유재산특별법 제정 중에 있으며, 당시 국유재산에 대한 특별조사를 실시하고 있었다. 이러한 추세에 부응하여 경기지역대학은 산학협력사업을 통해 대학이 보유한 유휴자원을 효율적으로 활용하여 새로운 가치를 창출하는 데 크게 기여하였다. 교육부가 산학협력중심대학을 선정하여 집중 육성하는 등 정부 차원에서 산학, 관, 연 협력을 강조하는 시점에서 경기지역산학협력단이 추진하는 산학협력사업은 의미가 크다. 특히 그 추진방법에 있어 우리 인력과 예산을 투입하지 않고 외부 위탁회사를 통해 우리가 보유하고 있는 유휴자원을 활용한 가치창출이 이루어지고 있는 점을 주목해야 한다.

3) 한국방송통신대학교출판부(현 출판문화원) 사례

(1) 추진배경 및 경과

필자는 2002년 10월 한국방송통신대학교출판부장에 취임하자마자 한국방송통신대학교출판부가 출범한 지 21년, 법인으로 설립된 지 11년째가 되는 다음 해를 맞아 직원들 스스로가 한마음이 되어 각자가 이루어야 할 사명(mission)과 지향해 나아가야 할 미래상(vision)을 정립하고 새롭게 변화하여 제2의 도약을 준비하는 해(2003년)가 되도록 출판부의 비전과 이념을 설계하는 작업을 시작하였다.

당시 한국방송통신대학교출판부는 대학교재를 전량 자체에서 출판, 공급하는 국내 최대의 대학출판부라고 자부하지만, 아직 부족한 면이 너무 많았다. 출판분야가 대학교재에 치중되어 있어서 학내 구성원인 학생과 교수들이 필요로 하는 다양한 도서와 교육자료들을 공급하지 못하고 있었기 때문이다. 또한 웹기반 강의로의 급격한 전환이 이루어질 경우 교과서가 필요 없어져 출판부의 존립근간이 무너질 수도 있는 상황이었다. 이러한 상황에 적극 대처하여 한국방송통신대학교출판부가 크게 도약하기 위한 경영의 근본을 만드는 작업의 추진배경과 그 경과를 살펴보면 다음과 같다.

가. 추진배경

2002년 하반기 출판부 직원연수회에서 출판부 중장기 발전계획 수립을 위한 SWOT분석 및 전략과제 도출

- 기간: 2002. 11. 8~9(1박 2일)
- 장소: 송추 유스호스텔
- 연수중점: 출판부 발전을 위한 비전 및 이념 설계
- 특강: 출판부장 백삼균 교수
  - 조직문화 개발전략
  - 한국 기업에 있어 효율적 리더십 개발방안
  - 문화경영

나. 추진경과

- 분임조 편성, 결과물 현장 발표
  - 3개조로 편성, SWOT분석 MATRIX표 작성
  - 결과물 조별 발표
- 결과물에 대한 조별 보완 발표: 2002. 11. 18.
- 제1차 단일시안 작성, 이사장에 보고: 2002. 11. 20.
- 학부장회의 보고: 2002. 11. 22.
- 실천과제 발굴·연구팀 구성: 2002. 12. 31.

- 실천과제 조사 연구, 시안 작성: 2003. 1~2.
- 실천과제 세부추진계획 보고(이사회·총회): 2003. 2.
- 실천과제 시행: 2003. 3.

다. 추후계획

팀별로 업무목표를 설정하고, 추진내용에 대하여 분석·평가하여 그 결과에 따라 성과급 지급

(2) 비전과 이념

이상에서 보았듯이 정상적인 절차와 방법에 의해 모두가 참여하는 비전과 이념의 설정이 이루어졌고, '모두에게 지식을 전하는' 사명(존재이념)을 이루기 위해 '대한민국을 대표하는 세계적 첨단 출판부'가 되는 것이 출판부의 비전으로 드러났다. 이러한 총괄비전은 BSC모델에서처럼 이해관계자를 고려하여 관점(고객, 성장, 영역, 직원)별로 하위비전을 설정하였고, 그 밑에 관련 전략을 제시하였다(그림 6 참조).

한편 이러한 총괄비전을 구현하는 데 요구되는 직원들의 정신자세를 행동이념(사원정신)으로 하고 비전 구현에 필요한 경영의 원칙을 경영이념으로 설정하여 명실공히 비전(고객비전, 영역비전, 성장비전, 직원비전)과 이념(존재이념, 경영이념, 행동이념)을 구체적으로 설계하였다(그림 7 참조).

그다음 이러한 비전과 이념이 일상의 업무에서 생활화되게 연초에 직원들의 책상에 놓아 둘 수 있도록 비전과 이념을 담은 액자를

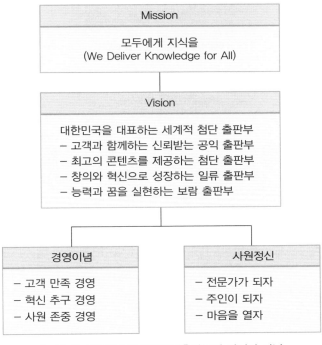

[그림 6] 한국방송통신대학교출판부의 비전과 이념

제작하여 배포하였다. 그리고 이를 중심으로 하는 토론이 조직 내에 서 활성화되도록 조직분위기를 유도하였다.

또한 그때부터 이사장이나 출판부장이 보스(boss)가 아니라 출판 부의 비전과 이념이 보스라고 선언하였다. 따라서 이사장이나 출판 부장 및 모든 구성원들은 보스의 명령에 구속받아야 한다고 선언하 였다. 개인의 주관적 생각을 말하지 말고 비전과 이념을 중심으로 생각하는 동시에 말하도록 부탁도 하였다.

이러한 경영으로 출판부의 기획도서사업이 비교적 차분하게 정착

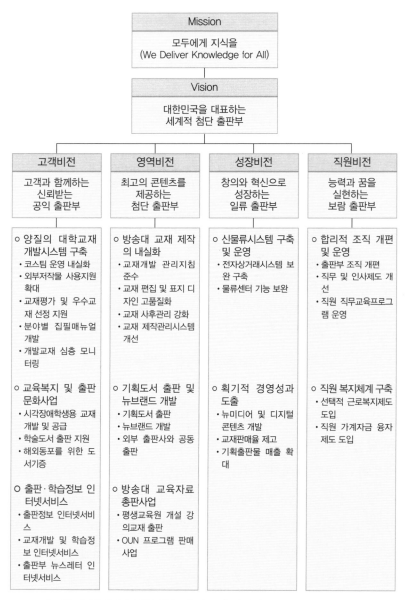

Mission			
모두에게 지식을 (We Deliver Knowledge for All)			

Vision			
대한민국을 대표하는 세계적 첨단 출판부			

고객비전	영역비전	성장비전	직원비전
고객과 함께하는 신뢰받는 공익 출판부	최고의 콘텐츠를 제공하는 첨단 출판부	창의와 혁신으로 성장하는 일류 출판부	능력과 꿈을 실현하는 보람 출판부
○ 양질의 대학교재 개발시스템 구축 · 코스팀 운영 내실화 · 외부저작물 사용지원 확대 · 교재평가 및 우수교재 선정 지원 · 분야별 집필매뉴얼 개발 · 개발교재 심층 모니터링	○ 방송대 교재 제작의 내실화 · 교재개발 관리지침 준수 · 교재 편집 및 표지 디자인 고품질화 · 교재 사후관리 강화 · 교재 제작관리시스템 개선	○ 신물류시스템 구축 및 운영 · 전자상거래시스템 보완 구축 · 물류센터 기능 보완	○ 합리적 조직 개편 및 운영 · 출판부 조직 개편 · 직무 및 인사제도 개선 · 직원 직무교육프로그램 운영
○ 교육복지 및 출판문화사업 · 시각장애학생용 교재 개발 및 공급 · 학술도서 출판 지원 · 해외동포를 위한 도서기증	○ 기획도서 출판 및 뉴브랜드 개발 · 기획도서 출판 · 뉴브랜드 개발 · 외부 출판사와 공동 출판	○ 획기적 경영성과 도출 · 뉴미디어 및 디지털 콘텐츠 개발 · 교재판매율 제고 · 기획출판물 매출 확대	○ 직원 복지체계 구축 · 선택적 근로복지제도 도입 · 직원 가계자금 융자제도 도입
○ 출판·학습정보 인터넷서비스 · 출판정보 인터넷서비스 · 교재개발 및 학습정보 인터넷서비스 · 출판부 뉴스레터 인터넷서비스	○ 방송대 교육자료 총판사업 · 평생교육원 개설 강의교재 출판 · OUN 프로그램 판매 사업		

[그림 7] 한국방송통신대학교출판부의 전략지도 및 10대 전략과제

할 수 있었으며, 노조의 적극적인 동참도 확보할 수 있었다. 그리고 이를 지켜본 언론들에 의하여 대학출판부의 성공적인 변화와 신선한 충격이라는 보도가 있었다(한국경제, 2007. 4. 29; 서울신문, 2007. 9. 28; 세계일보, 2005. 1. 30). 보수적인 대학의 출판부가 변화하는 것은 쉽지 않기에 더욱 많은 주목을 끌 수 있었던 것 같다(경향신문, 2009. 9. 18; 문화일보, 2009. 11. 21; 교수신문, 2012. 11. 19). 그리고 출판부의 변화를 통한 한국방송통신대학교의 언론 노출에 대하여 당시 학생회장으로부터 감사의 전화를 받기도 하였다. 당시 조규향 총장에게 지인이 전화를 하여 한국방송통신대학교출판부가 좋은 책을 만들어 주어 고맙다고 인사했다는 전언도 있었다.

(3) 주요 성과

가. 출판부 발전 5개년 계획과 2003년도 전략과제 추진계획 수립

오늘날 미디어 환경이 혁명적으로 변함에 따라 출판 및 교육환경 또한 변화의 급물살을 타고 있다. 잠시 머뭇거리다가는 자신이 어디에 서 있는지조차 모를 지경이다. 이렇게 복잡하고 빠른 사회에 적응하고 또 앞서 나아가기 위해서는 스스로 먼저 변하여 항상 열린 마음으로 주인의식을 가지고 전문가가 되어 업무를 추진해야 한다. 이러한 필요성에서 출판부는 비전과 이념을 존중하는 출판부 발전 5개년 계획과 2003년도 전략과제 추진계획을 수립하였다.

한국방송통신대학교출판부는 일반출판사와는 달리 사단법인이라는 다소 딱딱한 이미지의 약점도 있지만, 전국의 많은 학생층과 공

익 출판부로서의 공신력, 대규모 물류시설 등은 커다란 장점이다. 이러한 장점을 살리고 창의와 혁신에 바탕을 둔 최고의 콘텐츠를 가지고 고객에게 다가가는 '세계적 첨단 출판부'를 만들기 위해 향후 5년 동안 추진할 전략과제를 도출하여 세부추진계획을 수립하였다. 여기에는 부서별·연도별로 비전 구현을 위해 해야 할 일들이 소개되어 있고, 이 중 2003년에 해당하는 과제들을 모아 예산을 반영하여 2003년도 사업계획을 수립하였다. 그리고 2004년에 2003년 실적을 평가한 다음 동일한 원리에 따라 전략 워크숍을 통한 비전 중심의 사업계획 수립을 시도하였다. 한편 이러한 시도가 출판부에 계속 정착되기를 바라서 출판부 모든 직원들의 지혜와 열망이 담긴 이 발전계획이 이사장이나 출판부장이 바뀌더라도 출판부의 실체에 큰 변화가 없는 한 일관성 있게 추진되어 좋은 성과가 있기를 기대해 보았다(한국방송통신대학교출판부, 2003).

나. 기획도서 출판사업의 성공적 출발

당시 영업이 필요 없는 교과서와는 시장 차원에서 성격이 다른 경쟁이 치열한 기획도서사업을 위해 별도의 법인을 설립할 것을 검토했으나 법인 관리비용 등을 감안했을 때 별도의 법인을 설립하는 것보다 신브랜드(new brand)로 출발하는 것이 현명하다는 판단을 내렸다. 이에 신브랜드를 재학생 및 직원과 국민을 대상으로 공모하여 최적 안을 지식의날개, 에피스테메 등으로 확정하여 2004년 5월 상표등록을 마치고 신간도서를 출간하였다.

한편 출판위원회를 구성하여 출간도서의 철저한 심사와 선정을 하였으며, 전담직원을 채용하고 외부 출판기획사들의 최신정보 구입도 시도하였다. 그 과정에서 『도대체 나는 뭐가 문제지?』, 『빅맥이냐 김치냐』, 『역사를 바꾸는 리더십』 등 경영 및 경제 관련 도서를 선정하여 번역 출판하였다. 그리고 이를 대학교육과 연계하여 마케팅전략을 구사하는 등 각고의 노력을 투입한 결과 여러 권의 책이 문화관광부 추천 우수도서로 선정되는 행운을 누리기도 하였다. 필

[그림 8] 『역사를 바꾸는 리더십』의 언론보도 자료

자의 경우 『도대체 나는 뭐가 문제지?』라는 책을 경영현장의 교육과 컨설팅에서 읽고 리더십에 대해 토론하도록 소개하고 워크숍에서 활용하였다. 그리고 대학원의 '리더십과 조직행위'라는 교과목의 토론에서 활용하여 학습효과를 제고함과 동시에 많은 수익을 창출하는 계기도 마련하였다.

여기서 특히 주목할 만한 것은 『역사를 바꾸는 리더십』의 베스트셀러 등장이다. 2007년 대선에서 당선된 이명박 대통령의 인수위 시절 서재에서 들고 있는 책(『역사를 바꾸는 리더십』, J. M. Burns, *Transforming Leadership*)이 언론에 공개되어 대박이 났다(조선일보, 2013. 7. 6; 조혜정, 2013). 당시 각 지상파 방송의 메인 뉴스에서 동시다발적으로 소개되었고, 다음날 다수 신문에서 소개한 책이 되어 대통령의 의중을 읽으려는 공무원과 국민들의 구입 요청이 빗발치기도 하였다. 대통령을 출판부의 무료 홍보모델로 활용한 셈인데, 이러한 일이 가능했던 것은 오직 비전과 이념에 따른 경영의 결과라고 본다.

3.6. | 마무리하기

한국방송통신대학교 경기지역대학, 한국방송통신대학교 경기지역산학협력단, 그리고 한국방송통신대학교출판부의 사례연구를 통해 찾을 수 있는 시사점을 정리하면 다음과 같다.

첫째, 필자가 경영책임자로서 직접 교육과 컨설팅 및 경영을 주도해 왔던 3가지 경영사례를 볼 때 비전과 이념에 의한 경영은 장기적인 안목에서 성과가 확실하다는 것을 확인할 수 있다. 사업의 출발은 비전과 이념을 설정하는 것임을 알 수 있고, 여기서 유래된 다양한 경영활동들이 한 방향으로 정렬(allignment)되면서 힘을 받아 성공적인 사업수행이 가능하고 지속적인 성과가 나는 것을 알 수 있다.

일찍이 근대조직론의 아버지 Barnard(1938)가 조직은 협동시스템(cooporative system)이라고 말했듯이 조직구성원들이 비전을 향해 한 방향으로 나아가고, 비전을 구현하는 과정에서 이념, 즉 원칙을 존중하는 동안 조직은 역량을 배가시킬 수 있다. 따라서 이념을 경영의 뿌리로 하여 비전을 향해 나아가는 경영, 즉 비전과 이념에 의한 경영이 오늘날 우리에게 절대 필요하다.

둘째, 변화관리 차원에서 비전과 이념에 의한 경영은 절대적으로 중요하다는 점을 확인할 수 있다. 기존 조직에서 새로운 사업을 시작할 때 항상 변화에 대한 저항에 부딪히게 된다. 그러나 통상적으로 이는 Lewin(1952)의 3단계 변화관리과정(해빙, 변화, 재동결)을 통해 해결할 수 있다. 그런데 현실적으로 변화를 추진하는 많은 조직의 경우 이 3단계 과정 중 해빙에 대한 투자에 인색한 것이 문제점으로 지적되고 있다. 변화를 조급하게 추진하는 과정에서 해빙에 시간과 돈을 투입하기를 주저하는 경영자들이 있어 늘 변화와 관련한 문제점이 등장한다.

그러나 앞서 살펴본 3가지 사례는 추진경과에서 확인할 수 있듯이 해빙을 위한 분위기 조성 차원에서 참여와 협력을 유도하는 비전과 이념을 정립하는 노력이 있었다는 점에 주목해야 한다. 이러한 비전과 이념의 설정과정을 통해 변화프로그램에 대한 이해를 촉진하고, 새로 설정된 비전과 이념에 대한 공유를 유도하는 것이 가능했다는 점을 높이 평가할 수 있다.

또한 이러한 노력을 통해 변화에 대한 저항을 감소시킬 수 있었으며, 변화프로그램에 대한 참여와 협력도 확보할 수 있었다. 특히 SWOT분석을 통해 조직의 현실에 대한 인식 제고와 위기의식 함양이 변화를 위한 분위기 조성, 즉 해빙과정에 크게 기여하였다.

나아가 이러한 여러 가지 노력을 위한 교육과 홍보가 분위기 조성 차원에서 중요하다고 할 수 있다. 비전 및 이념을 위한 워크숍과 특강 등 교육과 더불어 홍보가 대내외적으로 이루어져 새로운 사업에 대한 구성원들의 관심도 제고가 있어야 할 것이다. 지시와 명령에 의한 강압적인 사업의 수행보다 현실에 대한 인식을 바탕으로 새로운 비전 설계과정에 참여하고 협력하도록 하는 워크숍과 이러한 내부 변화프로그램이 매스컴을 통해 외부에 알려지고 외부에서 조직의 사업에 관심을 표명할 때 내부 구성원들이 더욱 고무되는 점을 활용해야 한다.

결론적으로 문화경영, 가치경영, 신뢰경영, 지속가능경영 및 공유가치창출 경영 차원에서 강조하는 경영의 뿌리이자 구심점인 이념과 비전은 그것 자체도 중요하지만, 그것을 만들어 가는 과정이 더욱 중요하다고 볼 수 있다.

셋째, 비전과 이념을 설계하는 과정에서 BSC모델을 활용함으로써 이해관계자 중심의 경영을 가능하게 하여 조직의 지속가능성장을 확보하고 사회적 책임의 이행도 가능해진다는 점을 주목해야 한다. 필자는 일찍이 현장에서 컨설팅을 하는 동안 구성원들로부터 회사가 커 감에 따라 자신들은 더욱 초라해진다는 하소연을 자주 들었다. 당시 주주나 투자자를 위한 회사의 경영비전은 있었지만 직원비전은 찾아보기 어려운 시절이었던 점을 감안하면 이러한 하소연은 충분히 이해가 간다. 이러한 현장의 문제해결을 위해 필자는 비전을 이해관계자(고객, 직원, 주주 및 투자자, 지역사회, 공급업자 등)별로 설정하는 것을 시도하였다. 그 결과 조직의 비전이 총괄비전(grand vision)과 하위비전(sub-vision)으로 구분되는 모습을 갖추기 시작하였다. 이때 하위비전이 이해관계자별 관점으로 설정되도록 되어 있다. 그 후 미국에서 Kaplan과 Norton(1992)에 의한 BSC모델이 소개되어 오늘날 많은 조직에서 널리 활용되기에 이르렀다.

한편 BSC모델을 활용한 비전설계는 추상적인 비전이 구체적인 전략 및 실천과제와 논리적으로 연계되도록 되어 있어 개별 구성원들이 하는 업무가 비전과 어떠한 연관성이 있는지 보여 줌으로써 각자가 일하는 의미와 보람을 느낄 수 있도록 해 준다. 이처럼 총괄비전, 하위비전, 전략 및 실천과제 등으로 추상적인 비전이 구체화되면서 비전과 업무 및 과제의 연결이 시도되는 대분류, 중분류, 소분류의 분류작업이 논리적으로 이루어지는 것이 비전의 성공적인 실행을 보장한다는 점에 주목하면 성공적인 경영을 위해 비전과 이념을 존중해야 한다는 것을 재차 확인할 수 있다.

끝으로 한국의 많은 영리조직뿐만 아니라 비영리조직까지 경영의 뿌리이자 구심점이 되는 이념과 비전을 존중하는 경영을 통해 거듭

나서 이해관계자들과 동반성장하고 상생하는 계기를 적극적으로 마련하기를 기대해 본다. 특히 개별 조직에 적합한 이해관계자별 관점을 유연하게 설정하고 비전을 구체화하는 노력을 통해 모든 조직에서 비전과 이념에 의한 경영이 뿌리 내릴 수 있기를 희망한다.

제4장

지속가능경영의
활성화 방안

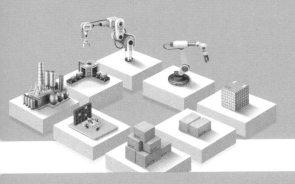

4.1. 시작하기

　2010년 11월 SR표준으로 등장한 ISO26000의 제정으로 그동안 이해관계자의 요구에 부응하는 차원에서 기업들에게 강조되어 온 기업의 사회적 책임경영이 지속가능경영과 실질적인 통합이 이루어졌다. 공기업이나 사기업뿐만 아니라 비정부조직까지 ISO26000의 영향을 받게 되었으며, 특히 글로벌 무대에서 사업을 하는 기업의 경우 글로벌 차원의 다양한 이해관계자들의 신뢰 확보와 무역장벽을 넘어서기 위해 지속가능경영에 관심을 가지고 적극적으로 실천하는 자세가 필요하다.

　지속가능경영은 기업들이 그동안 중시했던 경제적 성과만으로는 지속가능한 발전을 이룰 수 없으며, 지속가능한 발전을 위해서는 환경적 성과와 사회적 성과도 중시해야 한다는 인식이 확산되면서 등장한 개념이다. 이러한 지속가능경영은 기업이미지, 명성, 제품신뢰도 제고 등 다양한 차원에서 성과가 있는 것으로 나타나 기업의 경쟁력 제고 차원에서 더욱 중요하다.

　따라서 현대기업을 둘러싸고 복잡다단하게 이루어지는 시대적 흐름을 전략적으로 수용하면서 동시에 새로운 사업기회를 찾을 수 있으며, 나아가 성과를 통한 경쟁력의 제고에도 도움이 되는 지속가능경영에 관심을 가져야 한다. 다시 말해 지속가능경영을 단순히 비용으로 생각하지 말고 미래를 개척하기 위한 투자로 간주하는 자세가 오늘날 기업이나 기관의 임직원들에게 필요하다.

　그럼에도 불구하고 기업이나 기관의 임직원들은 아직 지속가능경영에 대한 인식이 낮고 이해가 부족하여 부담스러워하는 실정이다. 이러한 현실에서 억지 춘향식으로 지속가능경영의 성과를 불성실하게 보고하는 기업도 나타나고 있다.

　이 장은 지속가능경영의 현황과 과제를 살펴보고, 지속가능경영의 활성화 방안을 찾아보는 것을 주요 목적으로 하고 있다. 이러한 목적을 달성하기 위하여 제2절에서는 지속가능경영이 경영성과와 관련 있다는 다양한 증거들을 기존 연구의 검토를 통해 소개하고, 제3절에서는 지속가능경영의 도입현황 및 평가를 통해 지속가능경영과 관련한 과제를 도출해 본다. 그리고 제4절에서는 지속가능경영의 과제에 대한 대안을 찾아 지속가능경영이 현장에서 활발하게 실천되도록 하고자 한다.

4.2. 지속가능경영과 경영성과

　(구)산업통상자원부와 대한상의 지속가능경영원이 국내 기업들의 지속가능경영의 실행에 도움을 주고, 특히 사회적 책임의 표준인 ISO26000에 대한 기업의 대응능력을 강화하는 데 도움을 주고자 개설한 지속가능경영 포털(http://www.csr-korea.net)에서는 지속가능경영에 대해 "기업들이 경제적 성장과 더불어 사회, 환경적으로

긍정적 가치를 창출하여 다양한 이해관계자의 기대에 부응함으로써 기업가치를 증대시키는 경영활동"이라고 정의하고 있다. 또 매년 KSI(Korean Sustainability Index)와 KRCA(Korean Readers' Choice Award)를 조사하여 발표하는 표준협회의 2013 지속가능성 대회 포털(http://ksi.ksasma.or.kr)에서는 지속가능경영을 "조직과 이해관계자와의 의사소통을 증진하고 조직의 경제적, 사회적, 환경적 지속가능성을 추구하여 조직의 가치를 제고하는 경영활동"이라고 정의하고 있다. 그리고 지속가능지수로서 DJSI를 평가하는 한국생산성본부에 의하면, 지속가능경영이란 경제적, 환경적, 사회적 측면에서 지속가능한 발전을 추구하는 경영패러다임이다.

이와 같은 정의들에서 알 수 있듯이 지속가능경영의 핵심은 경제적, 사회적, 환경적 차원이 동시에 존중되고 있다는 점이다. 지속가능성이 우수한 기업은 기업의 환경적, 사회적 책임 이행을 통해 사업기회를 선점하고, 경제, 환경, 사회적 측면의 리스크를 관리함으로써 안정적인 성장과 지속가능한 발전을 이룰 수 있다. 최근 지속가능경영의 중요성이 강조되면서 투자자를 포함한 다양한 이해관계자들은 지속가능성이 우수한 기업을 혁신적이고 미래지향적이며 사회와 공존하고 번영할 수 있는 기업으로 인식하고 있다(한국생산성본부, 2013).

조직에 대한 다양한 이해관계자들의 경제, 사회, 환경적 성과와 관련된 정보공개의 요구가 확대됨에 따라 오늘날 많은 선진기업에서 지속가능경영보고서가 GRI 가이드라인에 의해 발간되고 있다. 지속가능경영보고서는 GRI 가이드라인을 기본으로 하여 조직의 다양한 활동이 이해관계자들에게 끼치는 중요한 지속가능성 영향 (sustainability impact)을 공개하는 보고서이다. 따라서 보고서는 이해관계자 참여를 통하여 조직의 내외부 여건을 고려하면서 이해관계자가 의사결정을 하는 데 충분한 핵심 이슈를 담고 있어야 한다. 또한 보고서는 긍정적 내용뿐만 아니라 부정적 내용도 균형 있게 기술해야 하며, 비교 가능하고, 정확하며, 적시에, 신뢰할 수 있도록 발행되어야 한다. 이러한 취지에서 현재 세계적으로 통용되는 권위 있는 지속가능경영보고서 가이드라인인 GRI 가이드라인을 제정, 운영하는 GRI(Global Reporting Initiative)의 비전은 모든 조직의 경제, 사회, 환경적 성과에 대한 보고의 정형성과 비교 가능성을 재무보고의 수준으로 만드는 것이다(http://ksi.ksasma.or.kr).

한편 Epstein(2008)은 기업책임의 맥락에서 지속가능성이 무엇인지 이해할 수 있도록 도와주기 위해 지속가능성 성과를 〈표 1〉과 같이 9가지 원리로 나누어 설명하였다. 이 원리들은 3가지 특성을 가지고 있다.

① 그들은 지속가능성의 정의를 보다 정확하게 해 준다.
② 그들은 일상의 경영의사결정과정과 업무적 의사결정 및 자본투자의사결정으로 통합될 수 있다.
③ 그들은 계량화와 금액화가 가능하다.

이러한 지속가능성 성과의 9가지 원리는 2010년 11월 사회적 책임의 세계표준으로 발표된 ISO26000에서 제시한 7가지 기본원칙 및 핵심주제와 유사한 점이 있다.

〈표 1〉 지속가능성 성과의 9가지 원리

원리	내용
윤리	기업은 모든 이해관계자를 다루는 윤리적 기준과 관행을 설정하고 촉진하며 감시하고 유지한다.
지배구조	기업은 모든 자원을 양심적이고 효율적으로 관리한다. 나아가 모든 회사의 이해관계자들의 이해관계에 집중하는 것이 이사회와 경영진의 의무라는 것을 인식한다.
투명성	기업은 제품, 서비스 및 활동에 관한 정보의 적시 공급으로 이해관계자들이 정보에 근거를 둔 의사결정을 하도록 해 준다.
사업관계	기업은 공급자, 유통업자 및 파트너들과의 공정거래 관행을 만드는 데 몰두한다.
재무적 수익	기업은 자본의 공급자들에게 경쟁적인 수익과 자산의 보호 차원에서 보상한다.
지역사회 개입/ 경제적 개발	기업은 기업과 지역사회 간의 상호 호혜적인 관계를 육성한다. 이러한 관계는 지역사회의 문화, 환경 그리고 요구에 민감하다.
제품과 용역의 가치	기업은 고객의 필요, 기대 및 권리를 존중한다. 그리고 최고 수준의 재화와 용역을 제공한다.
고용관행	기업은 인적자원 관리관행에 개입하고 개인적이고 전문적인 종업원 개발, 다양성, 임파워먼트를 촉진한다.
환경보호	기업은 환경을 보호하고 복원하려고 노력하며 제품, 프로세스, 용역, 그리고 다른 활동들과 더불어 지속가능한 개발을 촉진한다.

자료: Epstein & Roy(2003), "Improving Sustainability Performance". Epstein, 2008 재인용.

먼저 ISO26000의 7가지 기본원칙은 다음과 같다.

- 책임성
- 투명성
- 윤리적 행동
- 이해관계자의 이익 존중

- 법규 준수
- 국제행동규범
- 인권

다음으로 ISO26000에서 관심을 갖는 7가지 핵심주제는 〈표 2〉와 같다.

〈표 2〉 ISO26000에서 관심을 갖는 7가지 핵심주제

핵심주제	쟁점
조직 거버넌스	• 이사회의 책임성 강화 • 기업경영의 투명성 등
인권	• 차별과 취약그룹 보호 • 시민의 정치적 권리 보장 등
노동관행	• 공정한 고용 및 고용관계 보장 등
환경	• 환경오염 방지 등
공정운영관행	• 부패방지에 대한 노력 등
소비자 이슈	• 공정마케팅 등
지역사회 참여와 발전	• 지역사회 발전 참여 등

지속가능경영 포털(http://www.csr-korea.net)에서는 이 7가지 핵심주제별 쟁점사항을 160개 문항으로 측정하여 사회적 책임의 실천수준을 640점 만점으로 파악할 수 있도록 ISO26000 이행수준 체크리스트를 제시하고 있다.

한편 ISO26000 지침을 준수하는 기업은 다음과 같은 기대효과를 거둘 수 있다(http://ko.wikipedia.org/wiki/ISO_26000).

- 기존 법률이나 규제를 준수하고, 향후 법률이나 규제를 파악하는 등 체계적인 접근법을 통해 법률 및 규제요건에 대한 준수체계 개선
- 기업의 사회적 책임을 국제규범 및 표준에 의거하여 이행하고 있음을 입증
- 정부가 ISO26000 준수 여부를 중요한 자격기준으로 간주하고 있기 때문에 정부입찰 참여 시 경쟁업체 대비 경쟁력 확보
- 주요 인력, 고객, 클라이언트, 사용자를 유지하고 새롭게 확보할 수 있는 능력
- 직원의 사기, 헌신, 생산성 확보
- 투자자, NGO, 기타 활동가, 정부가 기업을 바라보는 관점 개선
- 지속가능성 관련 위험에 대한 경영진의 인식 제고
- 기업의 비즈니스 관행에 CSR 반영
- 인식 제고, 지식 향상, 비즈니스 의사결정 개선
- 자원의 효율적 사용, 비용감소에 관한 비즈니스 의사결정 개선
- 경쟁사 벤치마킹을 통한 CSR 관행 향상
- 브랜드 이미지/명성 제고, 소비자만족도 향상으로 인한 소비자 선호도 증가
- 지역사회 및 환경운동가들과의 관계 개선
- 공정거래 기업으로서의 이미지 구축 등

이러한 기대효과를 현장에서 검증하는 지속가능경영과 경영성과의 관계에 대한 다양한 연구결과가 있다. 지속가능경영과 경영성과

의 관계에 대한 주요 실증연구를 소개하면 다음과 같다.

황혜진(2012)의 연구에서는 고객이 지각하는 항공사의 지속가능경영활동 중 경제적 책임만이 기업의 명성과 기업이미지에 긍정적인 영향을 미친다는 것을 실증연구를 통해 제시하였다. 여기서 경제적 활동이 기업이미지를 결정하는 데 중요한 역할을 한다는 것을 알 수 있고, 경제적 이슈를 환경적 이슈나 사회적 이슈보다 중시하고 있음을 알 수 있다. 박종철·이광현(2009)의 연구에서는 기업의 지속가능경영 노력이 해당 기업의 신뢰형성에 긍정적인 영향을 미친다는 사실을 확인하였다. 나아가 기업의 지속가능경영 노력은 기업신뢰를 매개로 고객만족도에 긍정적인 영향을 미친다는 것을 알 수 있었다.

김은숙·조형기·신종화(2013)의 연구에서는 지난 6년 동안 평균 이상으로 주가가 상승한 기업들 간에는 지속가능경영활동 여부에 따라 성장에 큰 차이가 없는 것으로 나타났으나 지난 6년 동안 평균 미만으로 주가가 상승한 기업들 간에는 보고서 발간 및 DJSI 편입 등 지속가능경영활동 여부에 따라 주가상승에 영향을 미치는 것으로 나타났다. 홍성태·안치용·이한석(2012)의 연구에 의하면, 기업의 사회적 지속가능 차원 및 환경적 지속가능 차원은 기업의 명성에 유의미한 영향을 미쳤는데, 특히 환경적 지속가능 차원의 영향력이 가장 컸다.

백평구·김창수·이현주(2013)의 연구에 의하면, 지속가능경영 우수기업의 교육훈련투자에 대한 안정성은 종업원의 경제적 이익인 인건비와 복리후생비, 그리고 그들의 합에 모두 정의 영향을 미치는 것으로 나타났다. 나아가 지속가능경영 우수기업의 교육훈련투자에 대한 안정성은 경영성과인 총자산 이익률에 정의 영향을 미치는 것으로 나타났다. 즉, 지속가능경영 우수기업의 외부환경 변화에 무관한 교육훈련투자에 대한 안정성은 종업원의 복지와 조직의 이익을 꾀할 수 있다는 것을 알 수 있다. 김강(2012)의 연구에 의하면, 지속가능경영의 도입을 통해 주주, 고객, 종업원, 지역사회 같은 이해관계자와 지속적이고 생산적인 관계를 구축하게 되므로 기업의 단기 수익성이 향상된다. 기업의 지속가능경영은 기업의 브랜드이미지 제고, 협력적 노사문화 등을 통해 장기적으로 기업에 안정적 수익을 가져다준다는 것이 밝혀졌다.

김영식·위정범(2011)의 연구에 의하면, 기업의 사회적 책임은 재무적 성과에 기여하는 측면이 있는 것으로 나타났다. 윤대혁(2011)의 연구에 의하면, 지속가능경영에 대한 인식은 구성원의 직무태도에 긍정적인 영향을 미칠 뿐만 아니라 기업의 경쟁력 제고와 가치창출의 극대화를 도모할 수 있을 것으로 기대된다. 구체적으로는 사회공헌활동, 제품/서비스 환경 고려, 사회 경제발전에 기여, 기업지배구조 개선 등의 변수가 직무만족에 긍정적인 영향을 미치는 것으로 나타났다. 그리고 협력적 노사관계, 사회공헌활동, 기업지배구조 개선, 제품/서비스 환경 고려 등은 조직몰입에 긍정적인 영향을 미치는 것으로 나타났다.

금명기·윤수영·오재인(2011)의 연구에 의하면, 효율성 제고, 윤리경영, 에너지 관리, 소비자보호, 지역사회 기여도의 노력이 기업 성과에 영향을 미치는 것으로 나타났다. 기업성과에 영향을 미치는 변수 중 영향력이 가장 큰 것은 윤리경영으로 나타났으며, 그다음은 지역사회 기여도, 소비자보호, 효율성 제고, 에너지 관리의 순으로 나타났다.

이상의 실증연구를 통해 기업이나 기관의 지속가능경영이 비재무적인 경영성과뿐만 아니라 재무적인 경영성과로도 연결되고 있음을 알 수 있다. 그만큼 기업이나 기관의 경영에서 지속가능성 개념이 중요하다. 따라서 기업이나 기관은 단기적 안목에서 경영성과를 염두에 두는 경영을 하기보다 장기적인 안목에서 지속가능경영의 기본을 존중하는 경영을 해야 할 것이다.

4.3. 지속가능경영의 도입현황과 평가

1 다우존스 지속가능경영지수(DJSI) 평가결과

다우존스 지속가능경영지수(DJSI)는 기업의 경제적 성과와 더불어 환경, 사회적 측면 등을 종합적으로 평가하는 지속가능경영 평가에 대한 글로벌 표준으로 1999년 세계 최대 금융정보회사인 미국 다우존스(Dow Jones)와 지속가능경영 평가 및 투자에 관한 글로벌 선도기업인 스위스 샘(SAM)이 공동으로 개발하였다(뉴스핌, 2013. 10. 30). DJSI는 현재 전 세계 2,500개(유동자산 시가총액 기준) 기업을 평가하여 상위 10%를 편입시키는 글로벌 지수인 DJSI World와 아시아 퍼시픽 지역의 상위 600대 기업을 평가하여 상위 20%를 편입시키는 지역 지수인 DJSI Asia Pacific, 그리고 국내 상위 200대 기업을 평가하여 상위 30%를 편입시키는 세계 최초의 국가단위 다우존스 지속가능경영지수인 DJSI Korea로 구성되어 있다(한국생산성본부, 2013).

DJSI Korea는 2008년 한국생산성본부와 세계 최대 금융정보 제공기관인 미국 S&P 다우존스와 지속가능경영 평가 및 투자 글로벌 선도기업인 스위스 샘이 공동으로 개발한 세계 최초 국가단위 다우존스 지속가능경영지수이다. DJSI Korea는 유동자산 시가총액 기준 국내 상위 200대 기업의 지속가능성을 경제적, 환경적, 사회적 측면에서 평가·분석하여 산업별 최상위 30%의 기업을 지수로 구성하고 산업별 일등기업을 선정한다. DJSI Korea는 글로벌 표준을 적용한 투명하고 독립적인 프로세스를 통해 다양한 이해관계자들과 투자자들에게 신뢰할 수 있는 사회책임투자 기준과 기업의 지속가능성 향상을 위한 표준을 제시하고 있다(한국생산성본부, 2013).

다우존스 지속가능경영지수 측면에서 우수기업들의 주요 실적을 살펴보면 다음과 같다.

삼성증권은 2005년부터 청소년 경제증권교실을 운영하는 등 적극적인 사회공헌활동에 나서고 있다. 청소년 경제증권교실은 아동 및 청소년에게 올바른 경제관을 심어 주기 위해 시작한 프로그램으로 그동안 15만 명 이상이 교육을 받았다. 삼성증권은 지속가능경영 차원에서도 사회와 환경에 대한 공헌활동을 확대하고 있다. 이 같은 활동은 대외적으로 인정받아 국내 금융회사 최초로 2010년부터 2013년까지 4년 연속 '다우존스 지속가능경영지수(DJSI) 월드'에 포함되었다(아주경제, 2013. 12. 10).

GS건설은 "지속가능경영이 주주, 고객, 내부 임직원 등의 이해관계자와 투명한 소통을 가능하게 하며 기업의 생존과도 직결되는 것"이란 경영철학으로, 향후 지속가능경영활동을 꾸준히 추진해 글로벌 건설사로서 위상에 걸맞은 책임을 다하고자 노력하고 있다. 실제로 GS건설은 단순 시혜적인 사회봉사활동을 넘어 사회문제에 대한 기업의 사회적 책임을 적극 실천하고자 다양한 사회공헌활동을 진행하고 있다(서울파이낸스, 2013. 12. 6).

신한금융은 2005년 국내 은행 최초의 사회책임보고서 발간을 시작으로 2008년 UN글로벌 콤팩트 가입, 2010년 그룹 봉사단 출범 등 다양한 형태로 사회적 책임을 다하고 있다. 효율적인 CSR (Corporate Social Responsibility) 추진을 위해 전 그룹사 CEO가 참여하는 사회공헌위원회도 운영한다. 위원회에선 지속가능경영과 사회공헌, 환경경영을 포함한 그룹의 전사적 CSR 계획과 기본방향을 결정한다.

LG전자와 유엔세계식량계획(WFP)은 2013년 8월 말부터 방글라데시에서 현지인들이 스스로 생활자립기반을 조성할 수 있도록 지원하는 '소득창출 프로그램'을 운영하고 있다. 한편 LG전자는 임직원들이 시간에 구애받지 않고 일상 속에서 '라이프스 굿 위드 LG'를 자발적으로 실천할 수 있도록 적극 장려하고 있다(이투데이, 2013. 12. 2).

2 대한민국 지속가능성 지수(KSI) 평가결과

대한민국 지속가능성 지수(KSI, Korean Sustainability Index)(http://www.ksi.or.kr)는 기업의 지속가능성을 측정하는 지수로, 기업이 지속가능성에 대하여 얼마나 전략적으로 대응하는지, 사회와 환경에 미치는 기업경영활동을 얼마나 적극적으로 관리·개선하는지를 분야별 전문가와 기업의 이해관계자가 직접 조사하는 방식이다. 대한민국 지속가능성 지수 항목은 지속가능경영의 해외 전문가 및 전문기관이 선정한 지속가능성 지수 리스트를 바탕으로 개발되었으며, 지속가능성 영향의 항목은 사회적 책임의 국제표준이 되고 있는 ISO26000을 기반으로 개발되었다. 7가지 측정요인인 조직 거버넌스, 인권, 노동관행, 환경, 공정운영관행, 소비자 이슈, 지역사회 참여와 발전과 그에 속한 항목들을 측정하여 도출한다.

한편 2010년부터 2012년까지 3년간에 걸친 연도별, 이해관계자별 KSI점수를 나타내면 〈표 3〉과 같다. 〈표 3〉을 보면, KSI점수가 평균적으로 매년 높아지고 있음을 알 수 있다. 그리고 이해관계자별

〈표 3〉 연도별, 이해관계자별 KSI점수

구분	2010년	2011년	2012년
일반이해관계자	53.48	55.86	57.75
전문가	53.55	56.36	57.47
전체	53.52	56.01	57.67

자료: 표준협회 KSI통계(http://ksi.ksasma.or.kr/ksi/result/ksi_result_statics.asp)

〈표 4〉 연도별, 업종별 KSI점수

구분	2010년	2011년	2012년
최상위 업종 및 점수	생활용품(58.89)	생활용품(61.47)	생활용품(64.66)
최하위 업종 및 점수	타이어(47.25)	기계부품(52.99)	아웃도어(53.33)
전체 평균점수	53.52	56.01	57.67

자료: 표준협회 KSI통계(http://ksi.ksasma.or.kr/ksi/result/ksi_result_statics.asp)

로 볼 때 일반이해관계자와 전문가 간에 평가의 차이가 크지 않은 것을 알 수 있다.

나아가 2010년부터 2012년까지 3년간에 걸친 연도별, 업종별 KSI점수를 나타내면 〈표 4〉와 같다. 업종별로 볼 때 최상위 점수를 얻은 업종은 생활용품으로 일관성 있게 나타나고 있으며 그 점수도 매년 높아지고 있다. 그리고 최하위 점수를 받은 업종은 매년 달라졌는데 2010년에는 타이어, 2011년에는 기계부품, 2012년에는 아웃도어가 최하위 점수를 받은 업종이다. 생활용품의 지속가능성에 관심이 높은 이유는 최종소비자들의 높은 관심 대상이 되는 현실과 무관하지 않아 보인다.

이 외에 KSI 및 KRCA조사에 참여한 연도별 이해관계자 분포비율을 분석하면 〈표 5〉와 같다. 표를 보면 KSI조사의 경우 소비자가 꾸준하게 전체의 70% 내외를 차지하여 압도적으로 많은 비율을 차지하고 있다. 그다음으로 지역사회, 주민의 분포비율이 높고 동시에 2012년으로 갈수록 그 비율이 점차 높아지고 있음을 알 수 있다. 그다음은 투자자, 주주의 분포비율인데 이 비율 역시 2012년으로 갈수록 높아지고 있다. 비록 분포비율은 낮으나 경쟁사 임직원과 내부

〈표 5〉 KSI 및 KRCA조사에 참여한 연도별 이해관계자 분포비율

(단위: %)

구분	2009년	2010년	2011년	2012년
소비자	(68.8)	71.4(52)	71.9(49.0)	69.7(43.6)
경쟁사 임직원	(0.88)	1.0(3.0)	1.2(7.0)	1.8(6.2)
내부직원	(2.87)	1.9(14.0)	2.7(13.0)	4.0(18.1)
협력업체 직원	(1.23)	3.9(4.0)	2.1(4.0)	2.7(4.3)
투자자, 주주 (투자기관, 개인투자자)	(5.26)	3.9(4.0)	4.7(7.0)	5.9(4.3)
지역사회, 주민	(5.13)	8.6(9.0)	10.6(9.0)	15.9(9.6)
연구기관, 학계	(3.44)	2.5(10.0)	3.1(4.0)	–
NGO, NPO	(1.55)	1.7(1.0)	1.0(2.0)	–
미디어, 저널리스트	(0.84)	2.6(3.0)	2.7(5.0)	–

자료: 표준협회 KSI통계(http://ksi.ksasma.or.kr/ksi/result/ksi_result_statics.asp)
주: 괄호는 KRCA조사에서 이해관계자 비율을 나타냄.

직원의 경우도 비슷한 성향을 갖는다. 이러한 추세와 반대로 협력업체 직원의 분포비율은 점차 낮아지고 있다. 한편 KRCA조사의 경우 KSI조사처럼 소비자의 분포비율이 가장 높다. 두 번째로 분포비율이 높은 것은 내부직원이며 그다음은 지역사회, 주민의 순이다. 이러한 결과는 지역사회, 주민의 분포비율이 소비자의 분포비율 다음으로 높은 KSI조사와 차이가 난다.

끝으로 KSI조사 참여인원 및 점수변화 추이는 〈표 6〉에 나타나 있다. 이 표를 보면 KSI점수는 2009년부터 매년 높아지고 참여인원도 매년 증가하였다. 그러나 2013년에는 KSI점수 평균이 57.01로 나타나 2012년의 57.67에 비하여 오히려 낮아졌다.

구분	KSI점수	참여인원
2009년	50.12	13,000
2010년	53.52	14,673
2011년	56.01	16,408
2012년	57.67	21,093

자료: 표준협회 KSI통계(http://ksi.ksasma.or.kr/ksi/result/ksi_result_statics.asp)

한편 한국표준협회가 실시한 2013년 지속가능지수(KSI) 평가에서
는 SK텔레콤과 LG전자가 5년 연속 1위를 차지하였다.

지속가능지수는 전 세계 모든 기업이 추구해야 할 공식적인 사회
적 책임 표준 ISO26000을 기반으로 국내 45개 대표 업종에 속한
180개 기업의 사회적 책임 이행수준과 지속가능성을 평가한 결과이
다(서울경제, 2013. 10. 16).

③ 지속가능경영보고서 평가결과

전 세계 기업들의 경영활동에 '지속가능경영보고서 발간'이 필수
적 요소이며, 한국 기업들의 지속가능경영보고서 작성 시 'GRI 가
이드라인' 사용률이 전 세계에서 가장 높다는 조사결과가 나왔다(이
투데이, 2013. 12. 10).

GRI(Global Reporting Initiative)는 기업의 지속가능경영보고서에
대한 가이드라인을 제시하는 국제기구이다. 이번 조사에 따르면, 조
사대상 기업의 71%가 지속가능경영보고서를 발간했으며, 세계

〈표 7〉 연도별 지속가능경영보고서 발간현황(2013. 12. 15. 기준)

구분	2009년	2010년	2011년	2012년	2013년
최초 발간	27	32	21	27	12
누적 발간	45	54	73	71	75
전체	72	86	94	98	87

자료: 표준협회 KRCA통계(http://ksi.ksasma.or.kr/ksi/result/ksi_result_statics.asp)

250대 기업의 발간율도 93%에 육박한 것으로 나타났다. 아시아 지역의 경우 조사대상의 71%가 보고서를 발간해 유럽(73%)과 대등한 수준인 것으로 판명되었다(헤럴드경제, 2013. 12. 10).

한편 한국표준협회의 지속가능경영보고서 통계(www.ksi.or.kr)에 의하면, 우리나라의 연도별 지속가능경영보고서 발간현황은 〈표 7〉과 같다. 2013년 12월 15일 기준으로 87개 기업이 보고서를 발간하고 있으며, 이 중 12개 기업은 최초 발간 기업이고 나머지 75개 기업은 누적 발간 기업이다. 연도별로 볼 때 2009년 이후 지속적으로 증가하는 추세이나 그 증가속도는 완만한 상황이다. 특히 최근 3년간 누적 발간하는 기업의 증가속도가 주춤한 것은 기업들의 지속가능경영에 대한 지속적인 관심이 부족함을 드러내고 있다.

한국표준협회에서 KSI조사와 더불어 지속가능경영보고서를 대상으로 실시하는 KRCA조사결과를 반영하는 연도별 우수보고서 리스트는 〈표 8〉에 있다. 이 표에 보이듯이 5순위 안으로 평가받은 기업들이 수시로 교체되고 있어 지속가능경영에 지속적으로 관심을 갖는 기업이 많지 않음을 알 수 있다. 2008년에서 2012년까지 5순위

<표 8> 연도별 우수보고서 리스트(KRCA조사결과)

구분	2008년	2009년	2010년	2011년	2012년
1순위	삼성전자	아시아나항공	대구은행	유한킴벌리	기아자동차
2순위	신한은행	대구은행	삼성SDI	삼성전자	에스케이씨앤씨
3순위	한국전력공사	한국가스공사	아이들과미래	GS건설	유한킴벌리
4순위	한전KPS	아이들과미래	코레일	현대해상화재	한국전자통신연구원
5순위	KT	유한킴벌리	홈플러스	KT	한국철도공사

자료: 표준협회 KRCA통계(http://ksi.ksasma.or.kr/ksi/result/ksi_result_statics.asp)

까지 세 차례 등장하는 기업이 유일하게 유한킴벌리이며, 이어서 삼성전자, 대구은행, 아이들과미래, KT가 5순위 내에 두 차례 등장하는 정도이다.

한편 KSA의 지속가능경영보고서 통계(www.ksi.or.kr)에 의하면, 보고서를 이용하는 이유, 보고서를 이용하지 않는 이유, 보고서에 대한 태도변경조건, 보고서에 대한 동의수준, 이해관계자 참여를 잘 보여 주는 방법 등을 알 수 있다. 각각의 조사결과는 다음과 같다.

(1) 보고서를 이용하는 이유로는 해당 기업을 개괄적으로 이해하기 위한 것이라는 의견이 가장 많았다. 그다음은 해당 기업의 성과를 알기 위해서, 그리고 해당 시장에 대한 정보를 구하려는 목적이 보고서를 이용하는 이유였다.

(2) 보고서를 이용하지 않는 이유로는 지속가능경영보고서가 어떤 점에서 가치 있는지를 잘 몰라서, 복잡한 웹사이트나 긴 보고서를 읽으며 정보를 찾을 시간이 없어서, 의사결정에 있어

지속가능경영보고서를 어떻게 이용할지 몰라서 등을 주요 이유로 들었다. 그리고 보고서에 나와 있는 정보가 별로 없어서 이용하지 않는다는 지적은 점차 줄어들고 있다.

⑶ 보고서에 대한 태도변경조건으로는 지속가능성 성과에 대한 공표와 커뮤니케이션 강화, 지속가능경영보고서 내에 기업전략과 지속가능성 성과 간의 연계 강화, 나와 같은 다양한 이해관계자들의 관심사항 파악을 위한 참여 증대 등이 지적되고 있다.

⑷ 이해관계자 참여를 잘 보여 주는 방법으로는 핵심 이해관계자 선정 및 참여과정을 소개하는 것이 효과적이라는 의견이 지속적으로 부각되고 있다.

⑸ 향후 이해관계자 참여 시 중시해야 할 것으로는 충돌과 리스크를 최소화하여 관계를 개선하기 위해서, 각 기업이 이해관계자에 끼치는 영향을 인지하기 위해서, 그리고 사업에 영향을 줄 수 있는 새로운 이슈를 인지하기 위해서 등이 강조되고 있다.

⑹ 성공적인 보고서가 반드시 포함해야 할 요소로는 독자와 비독자 공히 지속가능성을 위한 기업, 기관의 진정성을 1순위로, 전체 전략과 지속가능경영 전략의 연계방법에 대한 내용이 2순위로, 구체적인 성과지표를 3순위로 지적하고 있다.

⑺ 보고서에 자주 누락되는 내용으로는 실패사례가 지속적으로 가장 많이 지적되고 있다. 이어서 해당 기업, 기관의 위협요인과 기회요인에 대한 것, 기업, 기관의 지속가능성 관련 외부에

의 영향, 구체적인 성과지표 등이 제시되고 있다.

⑻ 지속가능경영의 진정성을 보이기 위해 필요한 것으로는 철저한 이해관계자 참여프로세스, 기업의 성과정보 공개, 전사적 비즈니스 전략과의 연계가 지적되고 있다.

⑼ 검증 필요항목으로는 기업, 기관의 지속가능성 성과 관련 및 기업, 기관의 지속가능경영보고서 관련이 모두 지적되고 있다.

⑽ 보고서에 대한 검증주체로는 전문검증기관이 가장 많이 지적되고, 다음으로 전문가, 이해관계자집단의 대표가 지적되고 있다. 그리고 기업, 기관의 내부감사팀은 한계가 있는 것으로 보고 있다.

⑾ 지속가능성 성과에 대한 검증주체도 전문검증기관이 가장 많이 지적되고, 다음으로 전문가, 이해관계자집단의 대표가 지적되고 있다. 그리고 기업, 기관의 내부감사팀은 한계가 있는 것으로 보고 있다.

4 평가 및 제언

이상에서 대한민국의 지속가능경영의 도입현황을 살펴본 바에 의하면, 최근 들어 지속가능경영은 "ISO26000의 국제표준화뿐만 아니라 환경규제 강화로 인해 새로운 무역장벽이 되었다"(윤승현·이주헌, 2013)는 지적에서 알 수 있듯이 더욱더 중요해지고 있으나 그에 대해 지속적인 관심을 갖고 진정성을 보여 주는 기업이나 기관은 비교적 적어 보인다.

DJSI, KSI 및 KRCA조사에서 우수기업으로 인정받은 기업이나 기관의 주요 실적에서 보듯이 자신들이 주관적으로 작성한 보도자료임에도 불구하고 시스템적이며 장기안목적인 경영패러다임은 소개되지 않고, 단지 단편적인 자랑거리를 늘어놓는 PR에 불과하다는 느낌이 많이 든다. 다시 말해 지속가능성을 중심으로 하는 경영패러다임으로서 지속가능성 성과-지속가능성 전략-지속가능성 비전으로 연결되고 통합되는 시스템적 연계성이 보이지 않는다. 여기에서 개별 기업이나 기관의 임직원들이 지속가능경영에 대한 인식이 충분하지 못함을 알 수 있다. 기업이나 기관이 이루어 온 성과를 열심히 나열할 것이 아니라 경영의 큰 틀 속에서 지속가능성 개념을 소화하는 과정을 보여 주는 역량이 매우 부족한 것으로 보인다.

나아가 표준협회의 KRCA조사를 바탕으로 이루어지는 지속가능경영보고서의 평가에서도 최근 5년간 지속적으로 5위 안에 드는 기업이나 기관은 전무하였다. 2013년 지속가능경영보고서를 발간하여 적극 홍보했던 A그룹에서 제공한 보도자료에 의하면, 두 가지 자랑거리를 강조하고 있었다. 보고서의 디자인에 많은 신경을 썼다는 점과 공유가치창출(CSV, creating shared value)을 보고내용으로 추가하였다는 점이다. 즉, 그동안 주로 보고해 왔던 경제적 성과, 환경적 성과, 사회적 성과에 더하여 공유가치창출 성과를 보고하게 되었다는 것이다. 그러나 시대적 이슈가 등장할 때마다 이렇게 나열식으로 보고항목을 추가하는 것이 아닌 지속가능성 개념이 모든 전략과 일상의 경영에 침투하여 근본적으로 경영의 변화를 추구하는 가치기반경영(VBM, value based management)이 이루어지도록 해야 한다(백삼균·민남식, 2008). 단편적이고 임기응변적이며 PR 차원에서 보여 주기식의 변화가 아닌 진정성을 바탕으로 경영의 근본을 바로 세우는 경영패러다임의 전환(paradigm shift)이 획기적으로 이루어져야 한다.

끝으로 무엇보다 대한민국 지속가능성 지수(KSI)의 연도별 변화 추이를 볼 때 2012년까지 완만하게 증가하던 KSI지수가 2013년에 평균점수가 낮아지고 있는 현실을 직시해야 할 것이다. 학계와 정부에서 공유가치창출(CSV)을 새로운 경영패러다임으로 강조하는 이 시점에서 대한민국 지속가능성 지수의 평균이 획기적으로 증가하지 않는 점을 중시해야 한다.

이제 경영의 기본을 지속가능성 개념을 중심으로 바로 세워야 한다. 임기응변적으로 나열식으로 새롭게 등장하는 이슈에 허겁지겁 대응하는 것은 한계가 있다는 점을 개별 기업이나 기관의 임직원들이 깊이 깨달아야 한다. 변화가 있을 때마다 허둥지둥하는 임직원들이 소비하는 에너지와 쌓이는 스트레스의 양도 고려해야 한다. 그동안 많은 기업이나 기관은 주요 이슈가 등장할 때마다 관련 업무를 추가하는 식으로 대응해 왔다. 사회적으로 윤리가 주요 이슈가 되자 윤리경영업무를 추가하였고, 환경이 중요해지자 환경 관련 업무를 추가하였으며, 사회적 책임이 중요해지니 또다시 사회적 책임 관련 업무를 추가하여 실행하다가 이제 지속가능성이 중요한 이슈가 되자 지속가능경영 관련 업무를 추가하는 해프닝이 일어나고 있다.

그러나 윤리경영, 환경경영, 사회적 책임경영, 지속가능경영은 각각 다른 경영패러다임이 아니다. 경영의 비전과 이념 속에 지속가능성 개념을 반영하여 기업 및 기관의 전략과 일상의 경영이 경영의 뿌리인 비전과 이념 중심으로 이루어지게 한다면 윤리, 환경, 사회적 책임, 지속가능성 모두 동시에 추구할 수 있음을 임직원들이 깊이 자각해야 할 것이다. 이 점에서 "최근 대기업을 중심으로 지속가능경영보고서를 발간하는 기업이 늘어나고 있으나 대부분의 국내 기업들의 지속가능경영에 대한 인식은 매우 낮은 편이고 추진방향과 추진체계에 대해 막연한 고민만 하고 있는 상태이다"라는 윤승현·이주헌(2013)의 지적은 상당히 타당한 것으로 판단된다.

"1990년대부터 해외 선진기업은 지속가능경영을 적극적으로 받아들여 환경적, 사회적, 경제적 측면을 포함함과 동시에 내부 이해관계자뿐만 아니라 소비자, 공급자, 주주, 지역사회 등 외부 이해관계자까지 범위를 확대, 고려한 통합적 경영전략을 수립, 추진해 오고 있다"(윤승현·이주헌, 2013)는 점을 주목해야 할 것이다. 그리고 앞에서 살펴본 KSA의 지속가능경영보고서 통계에서도 적시되었듯이 개별 기업이나 기관이 지속가능경영의 진정성을 보이기 위해서는 '철저한 이해관계자 참여프로세스', '기업의 성과정보 공개', '전사적 비즈니스 전략과의 연계'가 확실하게 이루어져야 한다는 점도 잊지 말아야 한다. 여기서 전사적 비즈니스 전략과의 연계와 관련하여 신철호·김재은(2008)의 성공적인 지속가능경영 도입을 위한 3가지 제안은 의미가 크다. 나아가 이해관계자 참여를 잘 보여 주는 방법으로는 '핵심 이해관계자 선정 및 참여과정을 소개하는 것'이 효과적이라는 지속가능경영보고서 통계분석 결과(www.ksi.or.kr)를 반영해야 할 것이다.

4.4. 지속가능경영의 활성화 방안

　지속가능경영의 활성화를 위해서는 다차원적인 노력이 요구된다. 정부는 공정한 게임 룰(민주화, 상생, 동반성장 등)을 제정하고 집행해야 하며, 이 과정에서 업종 및 규모에 따른 차별화도 존중해야 할 것이다. 이해관계자 및 지역사회도 건전한 시민의식과 권리의식을 함양해야 할 것이다. 나아가 대학 차원의 노력이 요구되는데, 교육과정의 개편으로 대학생들이 지속가능성 개념 중심의 사고방식을 가지도록 해야 한다(Donna, 2013). 그러나 무엇보다 기업이나 기관이 자율적으로 지속가능성 개념을 중심으로 하는 비전과 이념을 새롭게 설계하고 이를 중심으로 4대 혁신(의식과 행동, 인사시스템과 조직구조, 전략과 정책, 이미지와 홍보)을 이루어 나가는 것이 중요하다. 이 경우 지속가능성 비전과 이념 중심의 4대 혁신이 시스템적 관점에서 유기적으로 연계되어야 할 것이다(백삼균·민남식, 2008).

　이하에서는 지속가능경영의 활성화 방안 중 기업이나 기관이 자각을 통해 자율적으로 실천할 수 있도록 하는 마지막 방안에 중점을 두어 살펴본다.

1 지속가능성을 반영한 비전 및 이념의 정립

　앞에서 제언한 바 있듯이 기업이나 기관이 지속가능성을 실천하기 위해서는 먼저 이해관계자들의 참여 속에 지속가능성 개념을 반영한 비전과 이념을 체계적으로 설정하려는 노력이 있어야 한다. 물론 이 경우 이해관계자들의 참여하에 각자가 처해 있는 대외적 환경을 직시하여 각자의 기회요인과 위협요인을 찾고 동시에 내부역량 차원에서 각자의 강점과 약점을 파악하고 그 대응전략을 찾아보는 SWOT분석이 전제되어야 한다. 그리고 이를 기초자료로 삼아 각자의 지속가능성 비전을 설정하고, 더 나아가 이해관계자별 하위비전을 구축하여 공유가치창출(CSV)에 힘써야 할 것이다.

더불어 장기적인 안목에서 지속가능성 비전의 구현을 위해 존중하고 실천해야 하는 기업이나 기관의 철학을 정립해야 한다. 기업의 사업영역을 중심으로 설정되는 사회적 존재 의의와 경영의사결정의 기준이 되는 경영원칙 및 임직원들의 정신자세를 이념으로 명시하여 앞에서 설정한 비전과 함께 대내외에 널리 공시하고 이를 임직원들이 존중하고 실천하는 노력이 있어야 한다.

기업이나 기관의 비전과 이념을 포함한 선언서를 만드는 경우도 있는데, 이것을 비전선언서(vision statement) 또는 사명선언서(mission statement)라고 한다. 이 비전선언서나 사명선언서는 기업의 지속가능성 전략의 개발과 실행의 지침으로 이용될 수 있다. 그리고 연차보고서나 지속가능경영보고서에 이들이 포함된다. 비전선언서나 사명선언서는 기업이 달성하려고 노력하는 목표와 기업이 구성원들에게 했던 약속을 나타낸다. 비전선언서나 사명선언서에 지속가능성 원리를 포함시킴으로써 기업은 회사의 지속가능성을 기업전략의 기본으로 고려한다는 것을 선언할 수 있다. 끝으로 유용한 비전선언서나 사명선언서는 최소한 다음과 같은 3가지 특성을 가지고 있어야 한다(Epstein, 2008).

① 짧고 단순하게 표현되어야 한다.

② 폭넓게 적용될 수 있어야 한다.

③ 내적·외적 영향력의 변화에 따라 수시로 갱신되어야 한다.

한편 지속가능성 비전과 이념을 중심으로 지속가능경영을 한 경우 그 성과를 측정하여 이해관계자들에게 보고할 필요가 있다. 이때 TBL(triple bottom line)이라는 3가지 기준을 중시한다. TBL이란 회사의 성공은 3가지 기준, 즉 경제적, 사회적, 환경적 기준을 따라 측정할 필요가 있다는 것을 말한다. 이것은 또한 사람(people), 지구(planet), 이익(profit)을 뜻하는 3P라는 용어로 대변되기도 한다. 이는 기업이 그들의 기준선(profit)뿐만 아니라 지역사회(people), 그리고 환경(planet)에 미치는 영향력까지 측정할 필요가 있다는 것을 뜻한다. 이 단어는 1989년 지속가능성에 초점을 둔 컨설팅회사의 공동설립자인 John Elkington이 처음 사용하였다(Young & Dhanda, 2013).

TBL은 기업의 책임이 주주뿐만 아니라 모든 이해관계자에게 확장되고 있음을 말해 주는 보고형태이다. 다시 말해 이것은 기업의 영향력을 재무적 수익에 따른 영향력과 함께 사회적, 환경적 가치의 관점에서도 고려해야 한다는 것이다.

그러나 지속가능성은 모든 기관이나 기업에 획일적으로 요구되기보다는 업종이나 규모 등 맥락을 중시하는 것이 되어야 한다. 이러한 관점에서 맥락 중심의 지속가능성(context-based sustainability)이라는 개념이 존재한다. 이 맥락 중심의 지속가능성이란 지속가능성 측정, 지속가능성 관리, 지속가능성 보고가 의미 있기 위해서는 맥락에 근거를 두어야 한다는 것이다. CSM(corporate sustainability management), 즉 지속가능경영의 모든 측면은 명확한 준거와 실제 사회적, 환경적 맥락의 관점에서 실행되어야 하며, 그렇게 해야 효율적일 수 있다. 예컨대, 수자원 사용의 지속가능성은 이용가능한 물 공급량의 규모와 충족 여부를 고려하지 않고는 결정될 수 없다(McElroy & van Engelen, 2012).

나아가 지속가능성 전략은 기업전략과 정렬되어야 한다. 대부분의 경우 기업프로그램은 전략과 정렬되고 있다(McElroy & van Engelen, 2012). 이 점에서 Lowitt(2011)의 CLEAR모델, 즉 지속가능성을 포함하고 이해관계자 가치창조를 극대화하는 방법에 관심을 가져야 한다. 이 모델에 의하면 다음과 같은 작업이 순차적으로 반복되면서 순환한다.

- 지속가능성 전략을 정교화(craft)
- 전략과 경영활동을 유도(lead)
- 지속가능성을 가치체인 활동에 내재화(embed)
- 지속가능성 성과를 분석하고 전달(analyze)
- 지속가능성 경영활동을 갱신(renew)

2 비전과 이념 중심의 4대 혁신

1) 의식과 행동 혁신

먼저, 새롭게 설정한 비전과 이념에 따라 기업이나 기관 임직원들의 의식과 행동을 변화시켜야 한다. 기업이나 기관 임직원들의 지속가능성에 대한 낮은 인식을 제고하기 위하여 지속가능성의 2W1H, 즉 지속가능성의 개념(what), 중요성(why), 실천방안(how)에 대한 사내 교육 및 홍보가 체계적으로 추진되어야 하는 것이다. 이를 통해 임직원들의 의식과 행동이 지속가능성 비전과 이념 중심으로 변화될 것으로 판단된다. 그러나 실제로 지속가능성의 본질을 이해하는 일은 쉽지 않다.

기업이나 기관의 임직원들이 알아 두어야 할 지속가능성의 본질을 소개하면 다음과 같다.

지속가능성은 진화하는 개념이기 때문에 명확하게 정의하기 어렵다. 지속가능성과 관련하여 500개 이상의 정의가 있으며(Young & Dhanda, 2013), 이 중 대부분은 지속가능한 지역사회 또는 지속가능한 디자인과 같이 특정 분야에 속해 있다. 이처럼 지속가능성의 다양한 정의에도 불구하고 개념들은 다음과 같은 기본적인 격언을 포함하고 있다(Young & Dhanda, 2013).

① 지구상에서 산다는 것은 환경적 한계를 갖는다.
② 인류는 공해를 예방하고 정화할 책임이 있다.
③ 경제, 환경 및 사회는 서로 연관성이 있고 의존적이다.

한편 지속가능성에 관한 10가지 신화가 있는데 그 내용은 다음과 같다(Young & Dhanda, 2013).

① 누구도 지속가능성이 실제로 무엇을 의미하는지 모른다.
② 지속가능성은 전적으로 환경에 관한 것이다.
③ 지속가능하다는 것은 푸르다는 것과 동의어이다.
④ 지속가능성은 전적으로 재활용에 관한 것이다.
⑤ 지속가능성은 비용이 많이 든다.
⑥ 지속가능성은 우리의 삶의 질을 낮추는 것이다.
⑦ 정부의 개입이 아닌 소비자의 선택과 풀뿌리 활동주의는 지속 가능성에 이르는 가장 빠르고 효과적인 방법이다.
⑧ 새로운 기술이 항상 정답이다.
⑨ 지속가능성은 궁극적으로 인구문제이다.
⑩ 일단 당신이 개념을 이해한다면, 지속가능하게 산다는 것은 이 해하기 쉬운 일이다.

지속가능성에 이르는 과정은 5단계로 나눌 수 있는데, 그 내용을 살펴보면 다음과 같다(Young & Dhanda, 2013). 실제로 모든 기업에는 불복종부터 지속가능성까지 회사의 전략과 목표로 통합되는 5단계가 있다.

제1단계는 불복종(noncompliance)이다. 기업이 지역사회 규제를 따르지 않아 벌금을 납부하는 경우이다.

제2단계는 외부압력에 반응하는 순응(compliance)이다.

제3단계는 순응을 넘어서는 것이다.

제4단계는 지속가능성이 완전히 전략과 통합되는 것이다.

제5단계는 기업이 사회에 공헌하려는 사명감으로 인하여 다른 단계를 거치지 않고 들어서는 단계이다. 보다 많은 기업들이 제5단계로 가고 있다. 왜냐하면 그들의 사명이 지속가능성을 통합하기 시작했기 때문이다.

2) 인사시스템과 조직구조의 혁신

지속가능성의 2W1H, 즉 지속가능성의 개념(what), 중요성(why), 실천방안(how)에 대한 사내 교육 및 홍보를 통해 기업이나 기관 임직원들의 의식 변화와 행동의 강화(reinforcement)를 위해서는 인사 및 조직구조의 혁신이 필요하다. 인사시스템과 조직구조가 조직구성원의 행동이나 상호작용을 촉진하기도 하고 억제하기도 하기 때문이다.

먼저 인사시스템의 혁신이 요구된다. 인사시스템의 경우 기업이나 기관 임직원들의 역량 및 업적 평가를 이해관계자들의 참여 속에서 확정된 지속가능성 비전 및 이념을 중심으로 해야 하며, 그 결과가 반드시 승진 및 급여시스템과 연계되어야 한다. 그래야만 임직원들이 오직 비전과 이념을 생각하고 이에 근거하여 행동하게 될 것이기 때문이다.

나아가 조직구조도 지속가능성 비전과 이념에 비추어 문제가 있다면 과감하게 재설계해야 한다. 기존의 수직적 관료제 조직을 수평적 연결조직으로 재설계하거나 이해관계자들과의 유대를 강화하는 네트워크조직으로 변화시키는 것 같은 근본적인 변화가 있어야 할 것이다.

이상에서 제시하였듯이 지속가능성 비전과 이념에 인사시스템과 조직구조를 일치시키는 노력이 반드시 뒤따라야 한다.

3) 전략 및 정책 혁신

기업이나 기관의 지속가능성을 반영한 지속가능성 비전-전략-성과의 연계시스템 구축을 통해 비전에 따른 전략과 전략을 실천하여 도출한 성과를 계량화하여 이해관계자에게 보고하는 노력이 있어야 한다. 경영의사결정의 개선을 위해 지속가능성 성과를 측정하고 보고하는 방법은 다양하다. 그중 하나인 BSC는 다차원적인 경제적, 비경제적 측정지표를 이용하여 성과측정과 전략을 연결시키는 전략적 경영시스템이다.

BSC는 Kaplan과 Norton에 의해 1992년 처음으로 기술된 체계로 그 후 많은 책과 논문에서 확장되었다. BSC는 원래 4가지 차원 또는 관점을 포함하고 있었는데, 바로 재무, 고객, 내부 기업과정, 학습 및 성장이다. 지속가능경영을 하는 기업이나 기관은 지속가능성 KSF(key success factor)와 KPI(key performance indicator)를 BSC의 4가지 차원에 포함시키고 있다. 물론 BSC에서 지속가능성을 어디에 포함시킬 것인가는 조직이 처해 있는 상황요인에 따라 달라진다(Epstein, 2008).

[그림 1]은 지속가능성에 초점을 둔 BSC의 예인데, 고객관점을

재무 차원	이해관계자 차원
• 녹색상품의 판매수입비율 • 재활용 수입 • 에너지 비용 • 공해유발 벌금	• 지속가능성 수상 실적 • 지역사회 지원 기금액 • 지역사회 민원 건수 • 종업원 만족도
내부 기업과정 차원	학습 및 성장 차원
• 인증받은 공급자 수 • 위험물질의 양 • 포장의 용량 • 소수자 기업 구매비용 • 제품 리콜 건수	• 종업원과 경영진의 다양성 • 자원봉사 시간 • 종업원 복지비용 • 지속가능성 관련 훈련받은 종업원 수 비율

[그림 1] 지속가능성을 위한 BSC

자료: Epstein, 2008.

다른 이해관계자들이 포함되도록 확장시켰다. 지속가능성을 주요 기업가치와 전략으로 존중해 온 기업들의 경우 다섯 번째 관점을 추가함으로써 BSC의 확장을 시도한다. 이 차원은 다른 4가지 관점과 연계되는 사회적, 환경적 성과지표를 포함한다. 그리고 사회적, 환경적 책임을 기업목표로 부각시키는 데 도움이 된다. 다섯 번째 관점에 주어진 비중은 조직의 상대적 우선순위에 달려 있으며, 포함된 측정척도들은 기업의 경영자들이 확인한 성과의 동인에 달려 있다.

이처럼 기업들이 지속가능성을 위한 별도의 관점을 설정하는 이유는 다음과 같다(Epstein, 2008).

① 사회적이고 환경적인 책임이 운영상의 효율성을 증진시키기

위한 수단이 아니라 경쟁우위를 창출하는 조직의 전략에 핵심인 것으로 보인다.

② 다섯 번째 관점이 경영자의 관심을 핵심가치로서 사회적, 환경적 책임에 집중시키는 도구가 된다. 그것은 이러한 이슈와 목표에 대한 경영자의 강한 관심을 알려 준다.

③ 기업이 중요한 사회적, 환경적 이슈를 가지고 있을 때 다섯 번째 관점은 이슈의 중요성을 부각시키는 데 도움이 된다.

④ 사회적, 경제적 책임에 대한 자원할당이 상대적으로 큰 경우 기업은 자원이용과 기업전략 간의 연계성을 부각시키기를 원한다.

이와 같이 지속가능성 비전 및 전략과 연계하여 활용하는 BSC를 SBSC(sustainability balanced scorecard)라고 한다. SBSC는 1992년 Kaplan과 Norton이 제안한 경영도구인 BSC에 근거를 두고 있다. BSC는 다양한 이해관계자의 요구를 관리하고 전략을 행동으로 전환시키고자 하는 조직을 위한 도구이다. 그리고 BSC는 일반적으로 4가지 관점을 가지고 있다(Young & Dhanda, 2013). 그러나 SBSC는 지속가능성의 3가지 차원을 통합함으로써 보다 넓은 범위를 제공한다. BSC의 4가지 관점 외에 다섯 번째 관점이 이해관계자들의 이슈를 설명하기 위해 포함될 수 있다. BSC가 재무적 측면과 비재무적 측면을 포함하고 있기 때문에 이것 또한 지속가능경영에 대하여 언급할 가능성을 가지고 있다. 그러나 BSC는 단순히 도구에 불과하므로 여전히 지속가능성 정책과 전략을 정의할 필요가 있다(Young &

Dhanda, 2013). 그러나 SBSC는 기업에게 지속가능성 비전과 전략을 행동으로 전환시킬 수 있는 기회를 제공한다. 이 외에 SBSC는 환경적, 사회적 측면과 목표들을 기업의 핵심경영으로 통합하도록 하고 있다(Young & Dhanda, 2013).

4) 이미지와 홍보 혁신

지속가능성 비전과 이념은 이미지 및 홍보 차원에서 전략적으로 실천되어야 한다. 즉, 알릴 것은 알리고 피할 것은 피하는 단순한 PR 차원이 아니라 기업이나 기관의 정체성을 새롭게 하는 CI(corporate identity) 차원에서 발상의 전환을 시도해야 할 것이다. 그리하여 비전과 이념에 따른 기업의 마음 만들기(mind identity), 행동 만들기(behavior identity)가 얼굴 만들기(visual identity)와 함께 종합적 CI 차원에서 이루어져야 한다. 단순히 시각적 차원에서 디자인 중심으로 기업이나 기관의 얼굴만 바꾸는 작업은 한계가 있다는 점을 깨달아야 한다.

기업이나 기관이 지속가능성을 존중하는 정체성을 확립한다는 차원에서 되새겨 보아야 할 KSA의 지속가능경영보고서 통계분석 결과로는 '지속가능경영보고서에 대한 독자들의 태도변경조건', '성공적인 보고서가 반드시 포함해야 할 요소', '보고서에 자주 누락되는 내용' 등을 들 수 있다. 구체적으로는 지속가능성 성과에 대한 공표와 커뮤니케이션 강화, 기업이나 기관의 진정성, 실패사례의 누락방지, 해당 기업이나 기관의 위협요인과 기회요인 공개, 전체 전략과 지속가능경영 전략의 연계방법 소개, 구체적인 성과지표 개발 등에 대한 요구가 이해관계자들로부터 많이 제기되고 있다는 것을 감안하여 기업이나 기관의 정체성 확립을 이미지와 홍보 차원에서도 실천해야 할 것이다.

4.5. 마무리하기

오늘날 기업이나 기관은 지속가능경영에 깊은 관심을 가져야 한다. 특히 지구촌시대를 맞아 글로벌화를 추진하는 데 새로운 무역장벽으로 등장한 지속가능경영의 요구는 기업의 생존을 위해 필요하다. 국내에서도 경제민주화, 동반성장 등 사회적 압력이 이전과 다르게 강한 편이다. 그럼에도 많은 기업이나 기관에서 지속가능경영의 도입이 활발하지 못한 것이 현실이다. 이 장은 왜 그러한 현상이 발생하는지 살펴보고 그에 대한 대안을 제시하는 것을 목적으로 하고 있다.

이 장에서는 다우존스 지속가능지수(DJSI) 평가결과, 대한민국 지속가능지수(KSI) 평가결과, 지속가능경영보고서 평가결과(KRCA) 및 서스틴베스트 지속가능성 평가결과를 이용하여 국내 기업이나 기관의 지속가능경영의 도입현황을 제시하고 평가하였으며, 더불어 지속가능경영의 활성화를 위한 제언을 해 보았다.

먼저, 지속가능경영의 도입에 대한 시대적 요청이 강한데도 불구하고 많은 기업이나 기관에서 이해관계자들의 기대만큼 활발하게 이루어지지 못하고 있는 것으로 나타났다. 특히 2013년의 KSI지수 평균이 2012년에 비해 낮아지고 있는 점은 주목할 만하다. 그동안 지속적으로 KSI지수가 상승되어 왔던 것에 비하면 더욱 심각하게 보아야 할 발견점이다. 이와 함께 우수기업들이 발표한 수상 보도자료에서 발견할 수 있는 것은 자랑할 것들은 나열식으로 제시하지만 그 성과가 나오게 된 배경시스템에 대해서는 언급이 전혀 없다는 점이다. 여기서 기업이나 기관 임직원들의 지속가능경영에 대한 인식 부족을 엿볼 수 있다.

이제 지금까지 국내 기업이나 기관이 추진해 왔던 지속가능경영의 도입과 실천방식에 근본적으로 의문을 제기해야 할 시점이다. 주먹구구식으로 지속가능경영을 추진한다면 단기적으로는 성과가 있는 것처럼 보고할 수 있을 것이다. 그러나 장기적인 안목에서 보면 임직원들의 에너지 낭비가 크고 스트레스 강도가 강해지는 등 부작용도 만만치 않을 것이다. 이해관계자의 눈높이는 높아지는데 눈 가리고 아웅 하는 식으로 자랑거리만 늘어놓고 부끄러운 점은 감춘다면 기업이나 기관의 지속가능경영에 대한 진정성은 의심받을 수밖에 없다.

따라서 임기응변식으로 대응하기보다 근본적인 경영패러다임의 전환을 지속가능성을 중심으로 해야 할 것이다. 지속가능성 개념을 중심으로 기업이나 기관의 비전과 이념을 이해관계자들의 참여를 바탕으로 재정립하여 우리 기업이나 기관이 누구인지를 분명히 정리하고, 이를 중심으로 의식과 행동 혁신, 인사시스템과 조직구조

혁신, 전략과 정책 혁신, 이미지 혁신을 실천하여 기업이나 기관의
정체성 확립을 이루어야 한다. 이것만이 지속적으로 지속가능경영
의 성과를 보장받을 수 있는 길임을 국내 기업이나 기관의 임직원들
이 명심해야 할 것이다. 이제 각자가 경영의 기본으로 돌아가 지속
가능성을 실천할 때가 되었다.

마지막으로 국내 기업이나 기관이 이해관계자들과 더불어 동반성
장하는 성공사례가 많이 탄생하기를 기대해 본다.

제3부

4차 산업혁명과
공유가치창출 경영

제5장

공유가치창출 경영과
사례연구

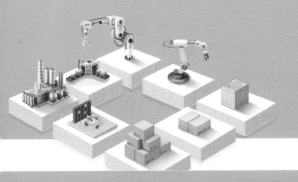

5.1. 시작하기

공유가치창출(CSV, creating shared value)은 하버드 비즈니스 스쿨의 Porter와 FSG 공동창업자 Kramer가 2006년 1월에 *Harvard Business Review*에 발표한 "전략과 사회: 경쟁우위와 CSR의 연결"에서 처음 등장했고, 2011년 1월에 발표한 "공유가치창출: 자본주의를 재창조하는 방법과 혁신 및 성장의 흐름을 창출하는 방법"에서 본격적으로 확장된 개념이다(나종연 등, 2014).

이 장에서는 기업에서 공유가치창출 경영의 사례를 찾아보고 분석하여 공유가치창출 경영이 어떻게 이루어져야 하는지 탐색해 보고자 한다. 기업의 공유가치창출 경영은 현대기업의 장기적 생존을 위해 절대적으로 필요하지만 실제로 이에 대한 올바른 이해와 그 이해를 바탕으로 한 실천이 제대로 이루어지지 못하는 경우가 많다. 이에 이 장은 공유가치창출 경영의 사례를 분석하여 문제점을 도출하고 그 해결방안을 제시해 보는 것을 목적으로 한다.

이상과 같은 목적을 달성하기 위하여 먼저 공유가치창출 경영의 개념과 방법을 살펴보고, 관련 선행연구들의 개관을 바탕으로 기업 현장자료의 수집과 분석을 실시한다. 그리고 공유가치창출 경영의 실천과 관련하여 한국 기업에서 발생하는 주요 이슈와 그 대안을 찾아보고, 나아가 기업, 정부, 이해관계자의 입장에서 공유가치창출 경영의 활성화 방안을 모색해 보도록 하겠다.

5.2. 공유가치창출 경영의 이론과 선행연구

1 공유가치창출 경영의 이론

1) 공유가치창출의 개념

공유가치창출(CSV)이란 기업이 주주(stockholder)의 이익을 극대화하는 데 치중하지 않고 종업원, 고객, 공급업체, 지역사회 등 기업의 이해관계자(stakeholder)들의 이익까지 배려하는 것이다.

〈표 1〉에서 보듯이 공유가치창출이란 장기적인 기업경쟁력 강화와 동시에 사회적 목표와 환경적 목표를 달성할 수 있는 투자활동이다. 구체적으로 공유가치창출이란 전통적인 기업활동의 목적이었던 경제적 가치를 사회적 가치와 결부시킨 공유가치를 기업경영의 목표로 삼는 것을 말한다. 예를 들면, 기업이 시급히 해결해야 할 사회

〈표 1〉 공유가치창출의 개념

사회적 가치창출 (creating social value)	공유가치창출 (creating shared value)	비즈니스 가치창출 (creating business value)
사회와 환경적 목표를 달성할 수 있는 투자활동	장기적인 기업경쟁력 강화와 동시에 사회와 환경적 목표를 달성할 수 있는 투자활동	장기적인 기업경쟁력을 제고할 수 있는 사업 및 투자활동

자료: Bocktette & Stamp, 2011; 나종연 등, 2014 재인용.

적 문제나 환경적 문제를 해결하는 과정에서 경제적 가치를 동시에 창출하는 것이다.

한편 공유가치창출 경영은 기업의 사회적 책임을 중요시하는 사회적 책임(CSR, corporate social responsibility) 경영과 유사해 보이지만 실제로는 많이 다르다. 공유가치창출 경영과 사회적 책임 경영은 〈표 2〉에서 보듯이 추구하는 가치, 필요성, 주요 사업내용, 한계 등에서 차이가 있다. 사회적 책임 경영은 일단 경제적 가치를 중심으로 경영을 하여 이익이 확보되면 그 이익 중 일부를 사후에 사회에 환원한다. 그러나 공유가치창출 경영은 사전에 경제적 가치와 더불어 사회적 가치를 고려하여 경영을 하는 것이다. 이 점에서 공유가치창출 경영이 사회적 책임 경영보다 사회적이고 전략적이다.

〈표 2〉 CSR과 CSV의 비교

구분	CSR	CSV
추구하는 가치	선행(doing good)	투입비용보다 높은 사회, 경제적 편익
필요성	• 기업의 독자적 판단이나 정부, 시민단체 등의 외부압박 대응 • 평판관리 측면이 강하며 기업의 수익추구와는 무관	• 수익추구 및 기업경쟁력 강화를 위한 필수요소로 인식 • 기업의 자원과 전문지식을 이용해 사회적, 경제적 가치 모두 추구
주요 사업내용	시민적 책임, 자선활동 등	기업과 공동체가 함께 가치창출
한계	CSR 예산규모에 따라 활동 폭이 제한될 수 있음.	CSV활동에 대한 낮은 인식수준
사례	공정무역	품질 및 생산량을 개선하는 조달시스템 혁신

자료: Porter & Kramer, 2011; 최다운 등, 2013 재인용.

2) 공유가치창출의 방법

Porter와 Kramer가 주창한 공유가치창출은 기업의 가치를 사회와 공유하는 새로운 개념이다. 많은 기업들이 기업의 사회적 문제해결과 동시에 경제적 가치를 창출하는 공유가치에 관심을 갖기 시작하였다. 기업이 공유가치의 개념을 활용해 사업에 적용할 수 있는 방법은 〈표 3〉과 같이 3가지가 있다. 이 3가지 방법에 비추어 영리기업과 비영리기업의 공유가치창출 경영을 분석하고 비교해 보면 〈표 4〉와 같다.

Porter와 Kramer의 공유가치에 대한 정의는 방침이나 운영관행으로 실행되는 공유가치전략(shared value strategy)의 두 가지 차원을 부각시키고 있다. 하나는 경쟁력을 제고함으로써 기업을 위한 가치를 창출해야 한다는 것이다. 또 다른 포인트는 공유가치전략이 명

〈표 3〉 공유가치창출의 방법

CSV단계	공유가치창출의 방법	세부내용
제1단계	새로운 관점에서의 제품 및 시장의 재구상	시장과 소비자들의 충족되지 않은 사회적 욕구에 초점을 맞춘다.
제2단계	가치사슬에서의 효율성 제고	기업 외부의 환경적 요인과 기업 내부의 생산성 간 상호관계 인지 후 생산성 향상과 위험의 감소를 추구한다.
제3단계	지역클러스터의 형성 및 활성화	기업 및 관련 기관들이 지역적으로 집적하여 기업 외부의 조건변화를 유도한다.

자료: Porter & Kramer, 2011; 임영균 등, 2013 재인용.

<표 4> 영리기업과 비영리기업의 공유가치창출 경영의 비교

공유가치창출의 3단계	듀폰 (DuPont)	그라민 샥티 (Gramin Shakti's)
제품과 시장의 재정의	새로운 기술로 인한 신시장 개척 및 기존 기술을 활용한 파괴적 혁신 모두 가능	로 앤드 마켓 중심의 파괴적 혁신제품 및 시장, 파급속도와 효과가 매우 큼
가치사슬의 재정의	기술을 협력업체와 공유, 장기적이고 글로벌적인 가치사슬의 생산성 재정의	자활사업이 가능하도록 기술, 인력, 자금 등을 새로운 경제시스템으로 변화시킴
지역클러스터의 개발	산학연 연계를 통한 클러스터 구축과 지역사회 공헌을 통한 현지 접근	지역에 밀착되어 지역주민이 사업의 주인이 되는 자활적 경제·사회시스템 구축

자료: 조형례 등, 2011.

확히 정의되고 이해관계자들의 목표와 관련된 데이터 중심이라는 것이다(Spitzeck & Chapman, 2012).

이러한 점에서 공유가치전략의 기본조건들을 요약하면 다음과 같다(Spitzeck & Chapman, 2012).

① 기업의 방침이나 운영관행들을 지칭한다.

② 기업의 경쟁력을 제고한다.

③ 지역사회에서 사회적 조건들을 개선한다.

④ 전략적 프로젝트가 투자와 관련한 대부분의 효과를 창출한다는 것이 명확해진다.

⑤ 이해관계자들의 목표와 관련된 명확한 지표들을 이용한다.

한편 FSG가 2011년 9월에 발표한 CSV가이드라인에 따르면

CSV는 비전(1개 단계), 전략(2개 단계), 실행(3개 단계), 성과(4개 단계)로 이어지는 총 10단계의 과정을 거칠 때 성공적으로 실행될 수 있다(Bocktette & Stamp, 2011; 나종연 등, 2014 재인용). 무엇보다 기업의 최고경영자가 CSV를 가치창출의 핵심원천으로 여기는 명확한 비전을 제시하고, CSV를 기업전략의 필수요소로 인식하며 적극적인 의지를 가지는 것이 중요하다.

Porter와 Kramer가 제시한 것처럼 재무적 가치와 사회적 가치창출 간의 새로운 균형은 기업이 신뢰를 재구축하고 경쟁적이 되도록 하며 정당성을 증가시키는 데 도움을 줄 수 있다. 균형 잡힌 목표에 대한 아이디어는 이해관계자경영(stakeholder management)을 주장하는 학자들에 의해 의견이 다양하게 제시되고 있다. 이해관계자경영 관점의 핵심은 다양한 이해관계 간에 균형을 이루는 것이다. 이러한 이해관계들은 조직의 생존을 위해 중요한 이해관계자(종업원, 고객, 공급자, 투자자, 지역사회)들에 의해 주장된다. 실무자들은 이해관계자의 관심들을 측정하고 균형시키는 균형성과모델(BSC, balanced score card) 같은 도구들을 넓게 수용한다(Pirson, 2012).

재무가치창출 초점을 평형화시키는 또 다른 균형지향 개념도 있다. 예컨대, CSR운동은 다양한 기준을 개발하도록 압박하고 있다. 가장 두드러진 아이디어 중 하나는 지속가능한 가치를 창출하는 방법으로 환경적, 사회적, 재무적 기준을 제안하는 Elkington(1998)에 의해 개발된 TBL(triple bottom line)이다(Pirson, 2012). 이는 GRI 지속가능경영보고서 작성의 지침으로 이용되고 있다.

2 공유가치창출 관련 선행연구

김경묵(2014)은 녹색성장형 성과공유제도가 공유가치창출의 전형이라고 하며, 녹색성장형 성과공유제를 운영하고 있는 대표적인 유통업체로 롯데쇼핑(주)를 들었다. 롯데쇼핑(주)는 소비자가 친환경제품을 구매할 경우 구매금액의 최대 30%를 포인트로 제공하고, 중소기업이 친환경녹색제품을 시장친화적으로 개발할 수 있도록 컨설팅을 해 주거나 인증비용을 지원하고 있다. 김경묵(2014)은 녹색성장형 성과공유제도 외에 환경오염방지형, 우수식품인증형도 공유가치창출 경영사례로 제시하며, 이들은 외국 기업에서 유례를 찾기 어려운 사례로 Porter와 Kramer(2011)의 공유가치창출 논지와 잘 부합된다고 하였다.

배병한 등(2012)은 CSV의 타당성을 지속가능경영 및 CSR과 기업가치와의 관련성을 통해 검증하였다. CSV가 높은 집단은 그렇지 않은 집단에 비해 기업가치가 더 높음을 알 수 있었다. 공유가치창출(CSV)이 기업의 사회적 책임활동(CSR)보다 효과적인지를 실증적으로 검증한 윤각·이은주(2014)의 연구에서는 사회적 책임성 인식, 브랜드 태도, 기업-소비자 동일시, 진정성 등 모든 종속변인에서 CSR활동보다 CSV활동이 높은 평가를 받았다. 또한 피험자들이 전반적으로 CSR활동보다 CSV활동을 높게 평가했지만, 이 차이는 자기효능감이 높은 피험자들에게서 더 크게 나타났다.

CSV는 사회공헌을 기업의 장기적인 발전과 경쟁력 향상을 위한 투자로 여긴다는 것으로 지속가능경영과 맥을 같이한다(윤각·이은주, 2014). Porter와 Kramer(2011)에 따르면 CSR과 CSV의 가장 큰 차이점은 비즈니스 연계에 있다. CSV는 기업의 이윤극대화를 위한 전략 내에 사회적·환경적 가치를 통합하는 것으로 기업의 전략적 경쟁우위에 중점을 둔다(윤각·이은주, 2014).

CSV와 소비자주의가 성공적으로 통합된 사례에 관한 천혜정 등 (2014)의 연구에 의하면 일본의 문구통신판매업체인 ASKUL은 소비자에게 쓰레기 배출비용을, 기업에게는 포장재 관련 비용을 절감시켜 주는 배송방식의 변화를 통해 자원재활용, 환경보호, 편의성, 효율성이라는 가치를 창출하고 있다. 소비자와 산지를 연결하는 유통채널업체인 일본의 Shop채널은 공적 자원을 최대한 이용하여 소비자로부터 구매와 다양한 상품에 대한 제안을 유도함으로써 소비자만족과 신뢰를 얻었을 뿐만 아니라 지역경제 활성화라는 가치도 창출하였다. 유휴공간 제공자와 소비자를 연결하는 Airbnb는 소비자 간 연결 플랫폼을 제공하여 소유가 아닌 대여를 통해 환경주의, 공동체주의, 협동경제를 실천하고 있다.

이 같은 사례들을 살펴볼 때 공유가치활동은 투자와 생산 초기 시점에 소비자의 참여를 유도함으로써 새로운 가치를 창출하는 방향으로 나아가고 있다. 이러한 차원에서 공유가치창출은 기업과 소비자 간 협력관계가 중요한 요인이며, 특히 소비자의 참여의식을 높이는 것이 관건임을 알 수 있다(천혜정 등, 2014). ASKUL, Shop채널, Airbnb의 사례별 유형 및 특성을 정리하면 〈표 5〉와 같다(천혜정 등, 2014).

CJ제일제당의 즐거운 동행 프로그램에 관한 박병진·김도희

사례	소비자의 역할	특징	성공요인	핵심가치
ASKUL	구매와 재활용	소비자의 역할 확장(자원재배치), 에코리터너, 역물류	소비자의 쓰레기 배출비용 감소, 기업의 포장재 비용 감소	자원재활용, 환경보호, 편의성, 효율성
Shop 채널	구매와 상품제안	기업의 공적 자원을 최대한 이용, 새로운 가치창출	농수산물의 안전성 확인, 엔터테인먼트	안전, 지역경제 활성화, 소비자 신뢰
Airbnb	구매와 유휴자원 공유	유휴자원 활용, 물건과 서비스의 공유	SNS 활용, 사익과 공익의 성공적인 접점, 제공자와 소비자인 이용자 간 이해관계 부합	소유가 아닌 대여, 공유, 환경, 공동체주의, 협동소비, 지역경제 활성화

자료: 천혜정 등, 2014.

(2013)의 연구에 의하면 CJ제일제당의 즐거운 동행 프로그램은 공유가치창출 차원에서 유효한 플랫폼이라고 할 수 있다. 즐거운 동행 프로그램은 경쟁력이 부족하지만 전통 및 건강과 관련된 가치를 제공할 수 있는 제품을 생산하는 지방의 유망 식품업체를 발굴하여 지원하는 사업이다. 즐거운 동행 프로그램에서 공유가치창출은 5개 부문의 7개 세부추진단계로 이루어진다. 여기서 5개 부문은 비전 공유, 플랫폼모델 구축, 파트너 발굴, 사업실행, 생태계 확장으로 구성되어 있고, 7개 세부추진단계는 기업경영진의 비전 공유, 핵심이슈와 범위 도출, 다양한 참여자의 참여 유도, 적합한 파트너 발굴, 파트너와 계약체결, 구체적인 사업실행, 생태계 개선/확장으로 이루어져 있다(박병진·김도희, 2013).

〈표 6〉 공유가치창출 3단계와 CJ제일제당

공유가치창출의 3단계	CJ제일제당의 공유가치창출 활동
제품과 시장의 재구성	CJ제일제당은 즐거운 동행을 통해 상품화 가능성이 있는 지역특산품 개발이라는 제품 자체의 측면과 해외시장 개척이라는 시장 측면에서의 가치창출 기회를 갖게 된다.
가치사슬의 생산성 향상	CJ제일제당은 즐거운 동행을 통해 지역특산물의 개발, 생산, 판매, 마케팅, 서비스의 가치사슬 전반에서 생산성을 향상시킬 수 있을 것이다.
지역클러스터의 조성	CJ제일제당의 CSV활동에서 아직 미흡한 분야이다. 이와 관련하여 식품산업에서는 원료조달이 중요한 요소이므로 농수축산업에 종사하는 가구에 기술지도를 하고 생산된 농수산물을 직거래하는 등의 방법이 있다.

자료: 박병진·김도희, 2013.

끝으로 공유가치창출 단계별 공유가치경영의 사례를 정리해 보면 〈표 7〉과 같다.

〈표 7〉 공유가치창출 단계별 사례

공유가치창출	사례
제품과 시장의 재정의	• 웰 파르고는 예산수립, 신용관리, 부채절감 프로그램과 상품을 개발했다. • GE의 에코매지네이션은 세계 최초의 하이브리드 기관차, 고효율 조명기기인 발광다이오드, 친환경 고효율 홈빌더 프로그램이 대표적인 상품이다. • 케냐의 보다폰은 저비용 휴대폰을 보급하여 모바일뱅킹서비스를 제공한다. • 톰슨 루터스는 농부들에게 분기당 5달러의 비용으로 날씨와 곡물 가격정보를 제공했다.

가치사슬 내 생산성 재정의	• 월마트는 포장을 줄이고 트럭경로를 재설정해 20억 달러를 절감할 수 있었고 처리방법을 혁신해 매립비용도 절약할 수 있었다.
	• 막스앤스펜서는 공급사슬을 철저히 점검해 구매와 이동경로를 최소화시켜 탄소배출을 줄였을 뿐만 아니라 1억 7,500만 파운드의 비용절감이 예상된다.
	• 네슬레는 아프리카와 라틴아메리카의 열악한 커피농장의 조달방법을 다시 디자인했다. 생산자에게 집중해 농법을 제시하고 은행대출을 보증하는가 하면 종자재고관리법, 방충, 비료제공을 도와주었다.
	• 유니레버는 소외된 여성들에게 마이크로크레딧을 제공해 4,500명의 사업가가 1만 개 마을을 커버하고 있다. 샤크티프로그램은 여성에게 기술을 제공해 수입을 증대시켰을 뿐만 아니라 주민들의 위생상품 접근성을 높여 질병을 예방할 수 있었다.
지역클러스터 개발	• 생산성과 혁신은 실리콘밸리와 같이 관련 산업, 공급자, 서비스제공자, 물류가 지역적으로 집중되고 있는 클러스터에서 영향을 받는다.
	• 미네랄 비료 제조사인 야라는 아프리카 지역에 물류인프라가 부족해 농부들이 적절한 비료를 얻지 못하는 것을 알고 도로와 항구를 개선하기 위해 6,000만 달러를 투자했다. 이로 인해 3만 5,000개의 일자리가 창출되고 야라의 사업이 성장했다.

자료: http://bfdonor.tistory.com/237

5.3. 공유가치창출 경영의 사례

1 국내 사례

1) CJ그룹

CJ그룹은 1953년 '사업보국'의 창업이념을 바탕으로 설립되었다. 그동안 다양한 사회공헌활동을 통해 사회책임경영을 펼쳐 왔다. 창립 60주년인 2013년 CSV경영을 본격 선언하고, 기업과 사회가 함께 성장할 수 있는 사업모델 발굴에 주력한 CJ그룹은 특히 주요 핵심사업과 연계해 CSV를 적극 실천한 공로를 인정받았다.

CJ제일제당은 '즐거운 동행'을 통해 지역의 유망 식품 중소기업과 농가에 유통과 마케팅, R&D, 품질검사 등을 지원하여 자생력을 키워 주고 있다.

CJ대한통운은 2007년부터 실버택배사업을 전개하였다. 2007년 현재 전국적으로 360여 명의 만 60세 이상 시니어 인력들이 이 사업에 참여하고 있다. 서울, 경기 등 23개 지역에서 49개의 거점을 운영하고 있다. 특히 2013년부터는 전동카트와 자전거 220여 대를 장비로 도입해 온실가스 저감효과까지 거두고 있다.

전통시장 살리기와 시니어 일자리 창출을 모두 충족하는 '전통시장 실버택배'사업도 개시하였다. CJ대한통운은 2014년 10월 국내

최대 전통시장인 부산광역시 부전마켓타운에서 처음으로 이 사업을
선보였다(아주경제, 2014. 11. 27).

2) 유한킴벌리

유한킴벌리는 캠페인의 일환으로 '시니어가 자원이다'를 주제로
한 기업광고를 만들고, 액티브 시니어를 위한 제품으로 '디펜드 스
타일 팬티'를 개발하였다. 이 제품은 요실금 증상을 겪는 사람이 팬
티 대신 입는 속옷으로, 겉으로 표시가 나지 않고 뛰어난 활동성을
보장해 주는 것이 특징이다. 아울러 액티브 시니어를 위한 다양한
생활용품을 모아 판매하는 '골든프렌즈' 매장을 서울 종로와 안산,
대구 등 3곳에서 운영함으로써 시니어 생활용품이 자연스럽게 이용
될 수 있도록 하였다(머니투데이, 2014. 11. 30).

3) SPC그룹

농업과 기업의 상생협력과 동반성장의 대표적인 성공사례로 파리
바게뜨와 경북 영천 미니사과 농가의 협업을 들 수 있다.

영천 농가는 2007년부터 일반 사과의 7분의 1 크기인 미니사과를
재배했지만 소비자들에게 알려지지 않아 불량 사과로 취급받는 등
고전하였다. 하지만 2012년 SPC그룹과 MOU를 맺고 미니사과가
파리바게뜨 케이크 장식으로 쓰이면서 이 사과가 올려진 케이크는
일반 케이크 대비 4배 높은 매출을 올렸고, 영천 농가들이 연평균

8,000만 원의 수익을 올리는 효자상품이 되었다.

또 SPC그룹은 4년 전부터 산지 직거래 형태로 농가의 포도 판로 확보를 지원해 왔다. 이 협약은 생산농가는 안정적인 수익기반을 다지는 동시에 기업은 품질 좋은 농작물을 공급해 원가경쟁력을 확보하고 지자체는 세수가 늘게 되어 CSV의 대표적 사례로 꼽히고 있다(서울파이낸스, 2014. 11. 28).

2 외국 사례

외국의 공유가치 실천사례로 시스코, 지프카, 그라민 샥티의 경제적 가치, 사회적 가치 및 공유가치에 대하여 분석해 보면 다음과 같다(임팩트 비즈니스 리뷰, 2011. 9. 18).

1) 시스코(CISCO)

가치구분	가치내용
경제적 가치	통신 네트워크 솔루션 및 클라우드 컴퓨터 기술 등 컴퓨터, 통신 관련 비즈니스 기업으로 관련 분야에서 수익을 창출
사회적 가치	1997년부터 3억 5,000만 달러를 투자하여 165개국에 1만여 개의 기술 교육기관 설립, UN과 NGO, 각 지역대학과 협력해 저개발국 사람들을 교육하는 시스코 네트워킹 아카데미 운영
공유가치	기술 인프라와 교육 인프라를 통해 시스코가 진출하고자 하는 지역의 전문인력을 양성해 향후 미래 경쟁력 강화에 기여함은 물론 시스코 네트워킹 아카데미를 통해 교육받은 고객들에게 일자리를 얻을 수 있는 기회를 제공하여 삶의 질을 높임

2) 지프카(ZipCar)

가치구분	가치내용
경제적 가치	카 셰어링 업체로서 기존 렌터카와는 달리 시간에 따른 차 대여로 고객들의 사용료 지불을 통해 수익창출
사회적 가치	자동차를 '소유'가 아닌 '공유'의 개념으로 패러다임을 바꾸어 자동차 소유를 제한하여 자동차 생산과 사용으로 인해 발생하는 온실가스 배출 등에 대한 환경오염을 줄이는 데 기여
공유가치	카 셰어링이라는 비즈니스 모델을 통해 수익창출은 물론 고객들이 차량을 소유하지 않고도 차량을 소유한 사람들처럼 원하는 차량을 편리하게 이용하게 함으로써 고객만족과 함께 환경오염을 줄이는 데 공헌하고 있음

3) 그라민 샥티(Grameen Shakti)

가치구분	가치내용
경제적 가치	그라민 은행에서 벌이고 있는 태양광 발전설비사업으로 가정용 태양광 패널과 발전시설을 정부와 함께 방글라데시 농촌 가구에 설치하도록 하여 초기 설치비용 대금을 통해 수익창출. 단 초기 설치비용 대금상환을 고객이 부담되지 않는 선으로 금융제도를 마련함
사회적 가치	태양광 발전시설을 통해 농업 및 각종 경제활동을 가능하게 함으로써 일자리 창출은 물론 방글라데시 농촌지역 주민들의 삶의 질을 높임
공유가치	태양광 발전설비를 방글라데시 농촌 전 지역에 보급하여 가정의 경제활동을 가능하게 함은 물론 초기 설치비용 이외의 비용이 들지 않기 때문에 설치로 인해 발생하는 전기재판매 등의 수익을 고객에게 주어 각 가정의 소득증가를 통해 삶의 질을 향상시킴. 또한 환경오염을 줄여 신재생 에너지 기업으로서의 면모를 갖추고 있음

3 공유가치창출 경영 사례분석과 평가

기업의 목적은 이윤추구가 아니라 공유가치창출로 정의되어야 한다. 앞으로는 사회와 함께 공유할 수 있는 가치를 만들어 내는 기업이 살아남는다. 자기 이익만 추구하는 기업은 소비자로부터 외면받아 존립 자체가 위태로워질 수 있다. 그러나 공유가치창출이라는 이름으로 사회가 요구하는 것을 해결하려고 노력하는 과정에서 이전에 없던 새로운 시장을 만들어 낼 수도 있다.

최근 우리가 주변에서 자주 목격하는 기업, 관공서, 단체 등의 나눔운동이나 1사1촌운동 등 다양한 사회공헌활동이 사회적 책임 차원에서 이루어지고 있다. 사회적 책임의 이행 차원에서 이루어지는 이러한 사회공헌활동은 물질적 공헌 외에 정신적 공헌도 동시에 이루어져야 한다. 그리고 이러한 활동들이 단편적이지 않고 지속적으로 이루어지도록 해야 한다. 이를 위해 개별 기관이나 조직이 경영의 기본이 되는 비전과 이념을 공유가치창출 차원에서 명확히 할 필요가 있다. 이때 기업은 지속가능한 성장을 하고 이해관계자와 더불어 공존하고 공영할 것이다.

그러나 아직도 현실의 많은 기업들은 공유가치창출 차원보다 사회공헌을 중심으로 하는 사회적 책임 차원에 머물러 있으며, 유행에 따라가듯 형식적으로 명칭만 공유가치창출로 변경하는 경우도 자주 목격되고 있다. 공유가치창출은 기업전략이며, 기업의 전략은 기업의 비전과 이념을 바탕으로 해야 실현 가능성이 높다. 공유가치창출을 위해 경영의 뿌리부터 시작하는 근본적인 변화가 있어야 하는 것이다. 즉, 경영패러다임에서 발상의 전환이 있어야 공유가치창출이 가능하다. 그리고 근본적인 경영혁신이나 발상의 전환은 비전과 이념의 재설정 및 이에 대한 일관된 존중과 실천에서 시작된다. 그럼에도 앞에서 소개한 여러 기업의 사례는 공유가치창출을 겉으로 드러난 실적 중심으로 소개하고 그것의 뿌리가 되는 비전이나 이념에 대한 언급이 부족한 것이 사실이다.

한편 비전과 이념을 바탕으로 하는 공유가치창출이 기업전략 차원에서 성공하기 위해서는 구체적인 경영의 틀로서 비전을 구체화한 전략지도(strategy map)가 BSC(blanced score card) 차원에서 작성되어 모든 구성원이 이를 중심으로 생각하고 행동하는 기업문화를 정립해 나가야 한다. 다양한 이해관계자들의 이해관계를 조정하는 균형성과모델로서 BSC는 KPI(key performance indicator)를 중심으로 하는 데이터 중심의 공유가치창출로 승화되어야 한다. 또한 GRI(global reporting initiative) 차원의 지속가능경영보고서 작성의 기준이 되는 TBL(triple bottom line)이 경제적, 사회적, 환경적 성과를 명확히 하도록 활용되어야 할 것이다. 이는 공유가치창출 컨설팅을 전문으로 하는 FSG가 2011년 9월에 발표한 CSV가이드라인을 존중하는 것이기도 하다. CSV가이드라인에 의하면 크게는 4단계(비전, 전략, 실행, 성과), 작게는 10단계(표 8 참조)를 통해 공유가치창출이 이루어진다.

공유가치창출을 위해서는 기업 차원의 노력과 더불어 대학 및 정부 차원의 노력도 필요하다. 대학에서는 경영학과의 교육과정 중 사회적 기업가 정신을 새로운 교과목으로 두어야 할 것이고, 이것이

〈표 8〉 CSV 추진과정

명확한 비전 (Vision)	확고한 전략 (Strategy)	효과적인 실행 (Delivery)	성과의 관리 (Perfomance)
제1단계-최고경영진이 CSV를 기업전략의 필수요소로 인식	제2단계-공유가치가 우선순위가 되는 이슈의 선정	제4단계-인적·물적 자원의 할당	제7단계-CSV 결과의 측정
	제3단계-구체화될 수 있는 목표의 설정	제5단계-CSV 실현을 위한 전사적인 통합관리	제8단계-CSV 활동을 통한 학습과 피드백
		제6단계-정보공유와 전략실행을 위한 협력자들과의 파트너십	제9단계-성공요인의 확대
			제10단계-CSV 실행과정에 대한 내·외부적 커뮤니케이션

자료: Bocktette & Stamp, 2011; 나종연 등, 2014 재인용.

여러 교과목 중 하나가 아닌 가장 기본적인 부분이 되도록 해야 한다. 그리고 정부 차원에서는 공유가치를 창출하는 데 앞장선 기업들의 제품과 서비스를 우선 구매하는 노력과 함께 공유가치창출 차원에서 발생하는 추가비용을 지원하는 조세정책 등을 수립하여 인센티브를 통한 기업들의 유인책을 마련해야 할 것이다. 나아가 기업의 이해관계자들에게도 자신들의 이해관계를 조정해 줄 것을 기업에게 강력히 요구하는 권리의식의 함양이 적극 요구된다.

기업은 부를 창출할 수 있도록 도와준 사회에 대해 '선한 시민'으로서 보답을 해야 한다. 그 보답의 형태는 사회공헌이나 기업의 사회적 책임(CSR, corporate social responsibility)이 주류였으나, 최근에는 기업의 공유가치창출(CSV)로 변천해 가고 있다(머니투데이, 2014. 11. 30).

공유가치창출은 기업활동 자체가 사회적 가치를 창출하고 동시에 경제적 수익을 추구하는 방향으로 이루어지는 것을 말한다.

공유가치창출 경영의 이론과 사례에 관해 살펴본 이 장은 한국의 기업에서 공유가치창출 경영이 잘 실천되도록 함으로써 기업의 사회적 문제 유발을 사전에 예방하는 데 도움이 될 것이다. 동시에 이 장은 장기적인 안목에서 기업의 경쟁력을 제고할 수 있는 기반을 마련해 주고 있다. 나아가 지속적으로 성장하고 발전하는 기업상을 정립하는 데 이 장의 내용이 유용할 것으로 판단된다.

요즈음 기업의 사회적 책임이라는 말이 새롭게 등장한 개념처럼 인구에 자주 회자되고 있다. 그러나 이 말은 필자가 서울대학교 경영대학 재학 시절(1975~1978)에 접했던 여러 교과목에서 일관되게 강조했던 익숙한 개념이다. Steiner(1971)의 *Business and Sciety*라는 책을 통해 당시 미국에서 가르치기 시작한 교과목을 우리나라에 소개한 교수도 있었고, 우리 대학이 5년제 학사과정 대학이 되면서

'기업과 사회'라는 교과목으로 개설된 바도 있다.

경영학 강의 중에 학생들에게 기업의 목적이 무엇이냐고 물으면, 이윤추구라고 답하는 경우가 아직도 많이 있다. 그러나 공유가치창출을 통한 기업의 지속가능한 성장을 위해서는 기업의 목적은 이윤추구라는 경제적 목적 외에 사회적 가치를 추구하는 사회적 목적도 추구해야 한다.

그동안 경영패러다임이 주주의 이익만을 추구하는 주주 중심 경영(shareholder management)에서 벗어나 주주 외에 소비자, 공급자, 지역사회, 종업원 등 다양한 이해관계자를 고려하는 이해관계자 중심 경영(stakeholder management)으로 전환되었다. 최근에는 SR(social responsibility)라운드라고 하는 ISO26000이 등장하여 기업만이 아니라 정부, NGO, 대학, 병원, 교회 등 모든 조직이 사회적 책임과 관련한 지침을 존중하도록 권장되고 있다. 이러한 글로벌 추세는 공유가치창출 경영과 맥을 같이하고 있기도 하다.

한편 공유가치창출 경영은 인사, 조직, 전략 등과 긴밀하게 연계되기 때문에 기업의 중요한 의사결정을 하는 부서들과도 비전과 이념을 중심으로 긴밀히 협력해야 한다. 구체적으로는 비전과 이념 중심의 BSC모델 구축과 지속가능경영보고서 발간의 기준인 TBL(triple bottom line)을 존중하는 경영이 요구된다. 이때 명실상부한 기업의 공유가치창출 경영이 이루어질 것이다.

제6장

4차 산업혁명의 신기술로
창출하는 사회가치

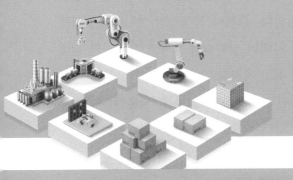

6.1. 시작하기

　우리가 살아가고 있는 이 시대는 초연결과 초지능으로 특징지을 수 있는 4차 산업혁명의 시대이다. 4차 산업혁명을 미국에서는 디지털 트랜스포메이션이라 부르고, 독일에서는 인더스트리 4.0으로 부르고 있다. 현재 우리나라는 4차 산업혁명위원회를 대통령 직속으로 설치하여 4차 산업혁명이라는 새로운 물결에 대처하고 있는데, 이 4차 산업혁명위원회에서는 4차 산업혁명을 인공지능, 빅데이터 등 디지털 기술로 촉발되는 초연결 기반의 지능화 혁명이라고 정의하였다.

　2016년 다보스 포럼에서 4차 산업혁명이란 말을 처음 사용한 Klaus Schwap은 "기술변화를 따라잡지 못하는 국가와 기업은 도태될 것"이라고 주장하였는데, 여기서 기술은 4차 산업혁명과 관련된 기술이다(클라우스 슈밥, 2016). 예를 들면, 블록체인, 인공지능, 사물인터넷, 빅데이터 등이 4차 산업혁명과 관련된 기술이다.

　그동안 기업이나 스타트업 및 예비창업자들이 공유가치창출 경영차원에서 원하는 사업을 하고자 해도 기술적인 한계 때문에 비전을 사업화하지 못한 경우가 많았다. 그러나 블록체인, 인공지능, 사물인터넷 같은 4차 산업혁명 시대의 신기술의 등장으로 우리의 원대한 꿈을 현실화할 가능성이 점차 커지고 있다.

　이 장에서는 주요 신기술인 블록체인, 인공지능, 사물인터넷을 활용하여 성공한 사업을 소개하여 사회적 가치와 더불어 경제적 가치를 창출할 수 있는 가능성을 보여 주고자 한다.

이를 위해 2020년 3월 21일부터 23일 사이에 네이버 포털에서 '블록체인', '인공지능', '사물인터넷'을 키워드로 한 뉴스기사 검색을 실시하였고, 그 결과를 기술유형별, 사회적 가치유형별 및 사례별로 제시하면 다음과 같다.

6.2. 블록체인으로 창출하는 사회가치

블록체인(block chain)은 블록(block)에 데이터를 기록하여 연결하는 체인(chain)으로 중앙집중방식이 아닌 분산형 데이터 저장시스템이다. 블록체인은 나카모토 사토시가 중앙집중화된 금융시스템의 한계를 극복하기 위해 2007년에 개발하였고, 이를 근거로 2009년 최초의 암호화폐인 비트코인이 세상에 모습을 드러냈다.

블록체인기술은 암호화폐에 최초로 적용되었으나 그 외에도 다양한 서비스 분야에 적용할 수 있다. 예를 들면, 중고차 기록의 신뢰성 제고, 각종 증명서의 위조와 변조 방지, 농수산물의 원산지 추적의 정확성 제고, 전자투표의 투명성과 신뢰성 제고, 의료기록의 관리 내실화 등 다양한 분야에 적용 가능하다.

이상에서 보듯이 블록체인의 적용을 통해 그동안 기업이 머리로 생각만 했지 현장에서 도전하기 어려운 기업 내외부의 문제가 해결되고, 나아가 다양한 사회적 가치가 경제적 가치와 함께 구현될 수 있게 되었다.

지금부터는 4차 산업혁명의 신기술인 블록체인을 활용하여 사업을 시도함으로써 기업이나 조직이 창출한 사회가치를 유형별로 구분하여 구체적인 사례를 들어 소개하고자 한다.

1 대학 학사정보시스템과 학생증 및 학위기

대학 학사행정의 신뢰성과 투명성을 제고하는 차원에서 블록체인을 적용하는 것이 가능해졌다. 성적위조, 학생증위조, 그리고 졸업장위조 사건이 자주 발생하는 현실에서 블록체인은 구세주가 되고 있다. 우리나라에서도 유명인들의 허위학력이 자주 사회문제가 되고 있다. 취업시장에도 허위학력이나 성적위조 문제가 지속되고 있어 그 대처가 시급하다. 기술적인 한계로 문제를 해결하지 못했지만 블록체인 기술의 등장으로 이러한 사회문제의 해결이 가능해지고 있다. 블록체인으로 이러한 사회문제를 해결하고자 한 사례를 구체적으로 소개하면 다음과 같다.

세종텔레콤과 아이디노는 블록체인을 기반으로 하는 '스마트 학사정보관리 플랫폼(SER)' 구축과 상품개발을 위한 MOU를 체결하였다. 그 결과 세종텔레콤이 개발을 완료하고, 정보통신산업진흥원(NIPA)의 2019년도 블록체인 기술검증 지원사업에서 우수사례로 인정받은 '스마트 학사정보관리 플랫폼(SER)'을 국내 유수 대학과 교육기관시스템에 적용하기로 하였다.

SER 플랫폼에는 세종텔레콤의 BaaS형 프라이빗 블록체인 메인 넷 블루브릭이 적용된다. 그 결과 SER 플랫폼은 데이터 보안과 투명성을 제고하며, 블록체인 속성을 이용해 원본 데이터 위변조를 원천차단한다. 플랫폼은 단순한 저장기능 제공이 아닌, 블록체인 기반 플랫폼 내에서 데이터 조회가 가능해진다(전자신문, 2020. 1. 8).

한편 하나은행은 블록체인 기술을 기반으로 고려대 학생증 카드를 발급한다. 하나은행과 고려대는 학생증 카드 발급에 하나은행이 자체 개발한 블록체인 플랫폼 '원큐렛저'를 적용하기로 하였다. 원큐렛저는 블록체인 네트워크에 참여하는 기관의 데이터를 실시간으로 공유하고 정보의 진위를 확인할 수 있는 플랫폼이다.

기존에는 은행과 대학 간에 대상자의 학적 정보를 수기로 검증해 카드를 발급하는 등 절차가 복잡했지만, 블록체인 기반의 분산원장을 통해 학적 정보의 공유 및 상호 검증이 실시간으로 가능해진다. 하나은행은 원큐렛저 플랫폼 참여기관을 확대해 연계 기관과의 정보 공유 및 증빙서류 간소화 시스템을 구축할 계획이다(연합뉴스, 2020. 2. 10).

나아가 포항공과대학교(POSTECH)가 2020년 학·석·박사 졸업생 전체에게 블록체인 기반 학위기를 발급하였다. 포스텍에 블록체인 증명서 발급서비스 '브루프(broof)'를 서비스하는 국내 블록체인 기업은 아이콘루프이다.

이번 학위기 발급에 활용된 '브루프'는 아이콘루프의 블록체인 증명서 발급서비스이다. 기관이 데이터베이스시스템을 별도 구축하지 않고 증명서를 발급할 수 있다. 수령자는 언제 어디서나 블록체인

증명서를 쉽게 조회할 수 있으며, 증명서 정보공개 여부를 직접 선택해 활용함으로써 개인정보를 보호할 수 있다.

포스텍 블록체인 학위기 발급을 계기로 교육계에도 신뢰할 수 있고 투명하며 공정한 검증시스템을 도입할 수 있을 것이다. 향후 블록체인 기술을 활용해 교육계는 물론 구인·구직 시장에도 완전히 새로운 생태계를 정착시켜 나갈 수 있을 것이다(조선일보, 2020. 2. 10).

② 모바일 사원증

많은 기업의 직원관리에서 자주 문제되는 사원증 위변조를 해결하는 데 블록체인 기술을 활용한 사례가 있어 소개하고자 한다. 사원증 위변조는 당사자뿐만 아니라 기업의 이미지에도 막대한 타격을 주는 까닭에 근본적으로 해결해야 했으나 그동안 기술적인 한계로 해결하지 못한 문제이다. 이제 블록체인 기술의 적용으로 이러한 문제를 해결하는 것이 가능해졌다.

NH농협은행이 블록체인 기반 분산ID(decentralized identity) 기술을 적용한 '모바일 사원증'을 발급한다. 분산ID는 개인의 신원을 증명(ID)할 때 개인이 관리하는 분산화된 데이터베이스에 저장된 정보를 불러와 사용하는 기술이다. 중개자 없이 본인이 직접 신분을 증명할 수 있어 개인의 정보통제권이 강화되고, 기관이 중앙화된 시스템에 개인정보를 보유함으로써 발생하는 유출사고도 방지할 수 있다.

이에 따라 NH농협은행 임직원은 모바일로 사원증을 신청·발급받아 이 사원증으로 출입인증과 출퇴근까지 관리할 수 있게 된다. 앞으로는 방문예약, 간편결제 등으로 기능을 확대할 계획이다(서울경제, 2020. 2. 25).

3 농식품 직거래와 유통이력 관리

매일 우리 식탁에 오르는 먹거리는 우리의 믿음을 얻기에 부족한 점이 많아 안전성을 의심하는 경향이 많았다. 무농약 재배인지, 유기농 재배인지 등 소비자들이 확인하기 어려운 부분이 많았기 때문이다. 이제 블록체인 기술을 이용하여 이러한 문제가 해결되었다. 블록체인 기술을 적용하여 생산자와 소비자 간의 직거래를 가능하게 하고, 농식품의 이력을 추적할 수 있게 하여 양자 간의 신뢰를 제고해 주는 사례가 있어 소개하고자 한다.

1) 농식품 직거래

농식품 생산자와 소비자를 직접 연결하는 블록체인 기반 농식품 직거래 애플리케이션(앱)이 나왔다. 블록체인을 통해 과일, 채소 등 농식품의 이력을 추적하고 거래 데이터를 투명하게 관리해 생산자와 구매자 간 신뢰를 강화한다는 목표이다.

애그테크(Agtech) 기업 이지팜의 블록체인 프로젝트 블로서리는 블록체인 기반 농식품 거래 플랫폼 마켓블리를 정식 출시하였다. 블로서리는 향후 타임세일, 카테고리, 상품구매, 제품별 할인구간 확인 등 앱 기능을 개선 및 추가해 나갈 계획이다.

한편 블로서리는 중국 기반 블록체인 플랫폼 온톨로지를 채택하고 있다. 또 온톨로지 기반 국내 블록체인 프로젝트인 판도라TV 무비블록과 블록체인의 개발 부분에서 협업을 하고 있다(파이낸셜뉴스, 2020. 3. 4).

2) 식품 유통이력 관리

KT가 NDS(농심데이터시스템)와 블록체인 기반의 식품 안전이력 관리사업 협력을 통해 농축산물 등 식품 유통분야의 블록체인 생태계의 확장을 시도한다.

식품 안전이력 관리사업은 식품 유통분야에 블록체인을 적용함으로써 농축산물 및 식자재, 가공식품 유통관리의 투명성을 확보할 수 있어 주목받고 있는 사업분야이다. 식품의 생산, 가공, 검수, 물류, 판매, 소비의 전 유통과정이 위·변조가 불가능한 블록체인으로 관리되기 때문에 소비자가 안심하고 먹거리를 소비할 수 있다.

NDS는 농축산물 이력관리 시범사업을 통해 블록체인을 활용한 식품이력 관리가 데이터 처리의 효율성과 신뢰성을 담보한다는 결론을 도출한 바 있다. 실제로 쇠고기 유통과정의 사육, 도축, 포장, 판매에 이르는 모든 거래를 IoT장비 등을 통해 블록체인으로 실시간 기록하고 검증했을 때 최대 6일이 소요되었던 유통이력 추적시간이 10분 이내로 단축되는 것을 확인하였다.

KT와 NDS는 이러한 농축산물 이력관리 시범사업의 성공적인 사례를 민간업체가 활용할 수 있도록 블록체인 기반의 식품 안전이력 관리 플랫폼을 구축할 예정이다.

또한 공동 마케팅, 제휴처 확대, 규제 해소 등 제반 사업을 위한 환경 조성에도 힘을 모으고, 향후 식품 유통사업을 기반으로 한 건강 관련 사업까지 협력을 확대해 나갈 계획이다(조선비즈, 2019. 7. 18).

4 상품추적 서비스

구매를 완료한 소비자가 불안해 하지 않고 직접 확인 가능한 상품추적 서비스가 개발되었다. 기업들이 그동안 물류 차원에서 전통적으로 경험해 오고 있는 상품추적 문제를 블록체인으로 해결하는 사례가 있어 소개하면 다음과 같다.

알리바바는 소비자가 알리페이로 QR코드를 스캔하기만 하면 자신이 구매한 상품의 자세한 위치와 이동정보를 확인할 수 있는 블록체인 기술을 도입하였다.

이에 따라 알리바바는 주문 페이지에 구매를 완료한 소비자가 상품을 추적할 수 있는 아이콘을 추가할 계획이다. 블록체인 기술을 전자상거래 플랫폼에 추가하면 추적, 상품 및 물류정보 불일치, 물류 체인에 대한 책임 결정 같은 업계의 전통적인 어려움을 해결할 수 있다(파이낸셜뉴스, 2020. 3. 18).

5 디지털 저작권 관리 및 공증시스템

저작권의 보호 및 침해는 그 복잡성과 관리의 어려움으로 인하여 해결하기 어려운 문제였다. 그러나 블록체인 기술을 적용하여 디지털 저작권의 관리와 공증을 하는 사례가 있어 소개하고자 한다.

1) 디지털 저작권 관리시스템

CJ올리브네트웍스는 아마존웹서비스(AWS)의 클라우드를 도입해 블록체인 디지털 저작권시스템을 구축하였다.

신규 블록체인 디지털 저작권시스템은 각종 방송 콘텐츠 내의 BGM 등 음악 사용이력을 블록체인에 기록한다. 상호 검증을 위해 투명하고 수정 불가능한 방식의 분산원장을 이용함으로써 창작자, 방송사, 저작권협회 등 이해관계자들은 데이터를 쉽게 공유하고 저장할 수 있다.

이 외에도 CJ올리브네트웍스는 별도 서버를 통하지 않고 방송 콘텐츠에서 음원을 인식하고 추출하기 위해 AWS 엘리멘탈 미디어 컨버트(AWS Elemental Media Convert) 서비스를 도입하였다. 이를 통해 별도의 서버 없이 음원을 인식하고 추출할 수 있어 개발 및 운영 비용을 줄이고 관련 작업시간을 단축하였다(조선비즈, 2019. 9. 19).

2) 디지털 저작권 공증시스템

블록체인 공증서비스 '로제타체인'은 오리지널 콘텐츠와 아이디어를 안전하게 보호받을 수 있는 확실한 방법으로 주목받고 있다.

로제타체인은 다양한 상황과 관계 속에서 일어나는 공적·사적 약속은 물론, 꼭 지켜져야 할 각서들을 다른 사람과 공유하고 보증할수 있는 블록체인 서비스이다. 최초 기술 및 아이디어를 저작권과 관련해 위변조 없이 투명하게 기록할 수 있으며, 법률적 근거가 되는 공증내용도 안전하게 보관할 수 있다. 그 밖에 간직하고 싶은 글귀, 다짐 등 다양한 내용을 게시할 수 있어 추억을 기록하는 데에도 유용하다.

로제타체인의 블록체인 기술을 활용하면 작성자가 올린 내용을 임의로 추가, 변경, 삭제할 수 없고 영구 보존할 수 있다. 또한 데이터를 블록체인에 저장함으로써 서버가 다운되어도 치명적인 상황이 발생하지 않아 안전한 기록보관 및 사실증명을 할 수 있다(글로벌경제신문, 2020. 3. 17).

6 중고차정보 위변조 방지

중고자동차를 구입하고자 하는 소비자들이 항상 의심하는 것이 자신이 관심을 가지고 있는 중고자동차 관련 정보의 신뢰성이다. 중고자동차의 성능, 운행경력 등 모든 정보의 위변조가 가능하기 때문이다. 이 문제는 조속한 해결이 필요했으나 기술적으로 불가능하여 그동안 해결하지 못하였다. 그러나 이제 블록체인 기술을 적용하여 이러한 문제를 해결할 수 있게 되었다. 이와 관련된 사례를 소개하면 다음과 같다.

서울시가 장안평 일대 중고차 사고이력 등 자동차산업 정보를 통합·제공하는 '자동차산업 통합정보시스템'을 구축하고 운영에 들어갔다. 서울시는 통합정보시스템을 통해 분산되어 있던 장안평 일대 자동차산업 정보들을 단일 포털로 통합해 간략하게 제공한다.

자동차산업 통합정보시스템은 매매, 부품, 정비, 재제조, 튜닝 등 장안평 일대 다양한 산업정보를 데이터화해 제공한다. 자동차 부품 관리시스템의 경우에는 신부품, 재제조부품, 중고부품 등 부품공급 사업자들을 위한 부품 라이브러리가 구축된다.

서울시는 자동차산업 통합정보시스템에 블록체인 기술을 도입하였다. 입력된 데이터에 대한 위변조를 방지하고 업체 내부 시스템의 흐름 추적이 가능하다(교통신문, 2020. 3. 12).

7 위변조 방지 투표시스템

투표의 과정과 결과에 대해 항상 불신하는 측이 있어 이와 관련하여 불필요한 논쟁이 일어나는 경우가 많았다. 이러한 소모적인 논쟁을 예방하는 것이 필요했으나 그동안 해결하지 못하였으며 지금까지도 문제가 되고 있다. 그러나 블록체인 기술을 투표시스템에 적용하여 투명하고 신뢰받는 투표시스템을 유지하는 사례가 있어 소개하고자 한다.

블록체인 기술 전문기업 코인플러그는 블록체인 기반 온라인 투표·조사 서비스 '더폴(THEPOL)'을 출시하였다. 더폴은 중앙화된 기관 없이 온라인 투표와 여론조사, 서명운동 등을 할 수 있는 플랫폼이다. 이 플랫폼에서는 데이터가 블록체인상에 기록되어 누구나 기록 과정과 결과를 검증할 수 있다.

코인플러그는 투표자의 익명성 보장을 위해 자사 블록체인 프로젝트 메타디움이 개발한 블록체인 기반 분산ID(DID)를 활용한다. 분산ID는 개인의 신원정보를 사용자의 동의 없이 서비스 제공자가 파악할 수 없도록 하는 신원증명 기술이다.

코인플러그는 분산ID를 통해 중복·허위 참여문제도 해결하였다. 회사 측은 이용자가 메타디움 분산ID를 활용해 개인정보를 노출하지 않고 투표에 참여할 수 있을 것으로 기대하였다(디지털투데이, 2020. 3. 12).

한편 서울시가 블록체인 기술이 접목된 시민참여 플랫폼 '민주주의 서울'을 새롭게 운영한다. 이번에 민주주의 서울 플랫폼에 접목되는 블록체인은 국내 블록체인 기술 전문기업 아이콘루프에서 개발한 루프체인이다. 2018년 아이콘루프는 서울시가 발주한 '서울시 블록체인 시범사업'에서 블록체인 표준 플랫폼 도입 시범사업자로 선정되어 자체 블록체인 기술을 제공해 왔다.

서울민주주의위원회는 해당 블록체인 모듈을 시청 내 블록체인 전담부서인 스마트도시담당관 블록체인팀으로부터 넘겨받아 민주주의 서울 플랫폼에 적용한다. 이에 따라 시민이 민주주의 서울 플랫폼에서 찬성하는 의제에 투표할 때마다 해당 데이터가 블록체인에 실시간 기록된다.

그 결과 블록체인을 통해 시민제안에 대한 공론화를 거쳐 실제 정책으로 반영하는 전 과정을 보다 투명하게 관리할 수 있다. 즉, 시민투표를 통해 선정된 의제와 이를 바탕으로 추진되는 정책에 대해 시민과 지자체 간 신뢰를 강화하고 투표과정에서 발생할 수 있는 위변조를 사전에 방지하는 것이다(파이낸셜뉴스, 2020. 3. 2).

8 블록체인 마케팅과 가짜뉴스 예방

효율적이고 성공적인 마케팅은 모든 기업의 지상과제이다. 이 경우 소비자로부터 수집한 데이터가 중요한데, 이러한 데이터를 정당하게 수집하고 적절하게 가공하여 활용하는 것은 기업의 또 다른 과제이다. 이 과제를 해결하는 데 블록체인 기술이 활용되고 있다. 블록체인 기술을 활용하여 기업과 소비자 모두에게 도움을 주는 마케팅의 혁신을 이룬 사례가 있다. 나아가 이러한 혁신으로 요즈음 사회적으로 큰 문제가 되고 있는 가짜뉴스도 예방할 수 있다고 하여 소개하고자 한다.

개인 데이터 거래 블록체인 프로젝트 에어블록은 기업용 데이터 집계 플랫폼인 '소비자 데이터 인텔리전스 플랫폼(CIP, consumer intelligence platform)'을 출시할 계획이다. 에어블록은 자체 블록체인 기술을 통해 CIP에 수집된 데이터 출처를 추적하고, 각 데이터별로 고유 코드를 부여해 가짜 데이터의 확산을 방지한다.

기업은 CIP를 기반으로 소비자 데이터를 재가공해 마케팅에 활용할 수 있다. 향후 에어블록은 소비자가 자신의 데이터를 직접 판매하고 기업은 해당 데이터를 활용해 개인화된 마케팅을 집행할 수 있는 '데이터 마켓 플레이스(DMP, data market place)'로 서비스를 확장한다는 계획이다.

초창기 에어블록 서비스 방향은 개인 데이터 거래 영역에 중점을 두었으나, 사업 개발과정에서 기업의 개인 데이터에 관한 주권 인식이 부족하다는 것을 파악하고 우선 기업 간(B2B) 블록체인 서비스 영역에 초점을 맞추게 되었다.

가짜뉴스 확산을 막는 데도 CIP가 활용될 수 있다. 기자가 외부에 기사를 공유할 때 기사에 삽입된 표나 이미지에 에어블록의 고유 코드가 발급되면 독자는 해당 코드를 에어블록에 입력해 데이터 진위 여부를 직접 검증할 수 있다(파이낸셜뉴스, 2020. 3. 9).

6.3. 인공지능으로 창출하는 사회가치

인공지능(AI, artificial intelligence)은 인간의 지능으로 이루어지는 사고와 학습 등을 컴퓨터가 스스로 할 수 있게 하는 기술이다. 최근에는 인공지능을 적용한 음성스피커와 챗봇 등이 실생활에서 다수 등장하고 있다. 이와 같이 인공지능은 현실의 다양한 기업 내외부의 문제해결에 활용되어 사회적 가치를 경제적 가치와 더불어 창출하고 있다.

이제부터는 4차 산업혁명의 신기술 중 하나인 인공지능을 활용하여 사업을 시도하여 기업이나 조직이 창출한 사회가치를 유형별로 구분하고 구체적인 사례를 들어 소개하고자 한다.

1 재난예지 플랫폼

우리가 예측할 수 없는 재난을 예측해서 우리에게 미리 알려 준다면 재난이 닥치기 전에 예방하는 노력을 하여 피해를 최소화할 수 있을 것이다. 그러나 통상적으로 재난은 예측이 불가능하여 재난이 닥쳐야 사후적으로 허겁지겁 대응하는 경우가 다반사이다. 그런데 인공지능을 활용하여 미래에 발생할 재난을 미리 알려 주는 플랫폼이 마련되었다고 하여 소개하고자 한다.

AI인공지능 재난예지 플랫폼 기업인 (주)AI넥서스가 대한민국 AI인공지능 기술을 활용해 해외시장 공략을 시도한다.

AI인공지능 재난예지 플랫폼은 전 세계적으로 보편적 이용시설인 엘리베이터, 에스컬레이터, 수도, 공조 등 생활편의 안전시설과 타워크레인, 놀이기구 등 여러 분야의 현장 기계설비에 인공지능 센서 기술을 적용하여 고장, 정비, 사고를 사전에 예지함으로써 재난을 대비할 수 있는 재난예지 플랫폼이다. 해당 플랫폼은 스마트폰 및 PC를 이용해 실시간으로 해당 설비의 상황을 모니터링할 수 있다.

AI넥서스는 오랜 기간 반복학습된 AI인공지능 재난예지 플랫폼을 2020년 100개국 글로벌 시장에 진출시키기 위하여 현지 파트너들과 AI인공지능 기술 및 빅데이터 사업을 공유하고 있다. 나아가 해외 50개국 AI인공지능 재난예지 플랫폼 클라우드 빅데이터 상황실을 오픈함으로써 4차 산업혁명의 핵심기술인 AI인공지능과 빅데이터, 클라우드 분야의 융합산업에서 세계 1등을 목표로 사업을 추진하고 있다(한국경제, 2020. 3. 17).

2 범죄피해 여성 진술 도우미

범죄가 발생했을 때 범죄피해자의 진술에 주로 의존하는 수사기법상의 한계로 인하여 범죄피해자에게 2차 피해를 입히는 경우가 많이 있다. 특히 범죄피해자가 여성인 경우 더욱 그러하였다. 그동안 현실적으로 해결하기 어려웠던 이 문제를 해결해 주는 인공지능 기술이 등장하였다. 여기서는 인공지능 기술을 활용하여 범죄피해 여성의 진술을 도와주는 도우미의 사례를 소개하고자 한다.

경찰이 조사관과 범죄피해 여성의 음성을 인식해 자동으로 진술조서를 작성하는 인공지능 체계를 도입한다. 경찰청은 성범죄 등 여성 대상 범죄 관련 'AI 음성조서 작성'을 위한 체계를 구축하고 있다. 이 체계는 조사관과 여성 피해자 간의 대화를 인식해 조서가 자동 완성되는 시스템이다. 대화 도중 문서 작성 등의 방해요소 없이 조사관과 여성 피해자가 대화에만 집중할 수 있도록 도우려는 것이 취지이다.

경찰은 이 시스템이 도입될 경우 조사관과 피해자 간의 공감 형성을 돕고, 진술과정에서 민감한 피해내용을 반복해서 언급하게 하는 등의 2차 피해도 예방할 것으로 기대하고 있다.

또 음성인식 방식으로 작성된 진술조서의 증거능력을 위해 영상 녹화 등을 활용해 보완하는 방안도 함께 검토하고 있다(UPI뉴스, 2020. 3. 19).

3 보행분석을 위한 스마트 깔창

고령사회에서 의료비의 증가는 사회적으로 큰 부담이 되고 있다. 100세 시대라지만 100세까지 건강하게 사는 경우는 흔하지 않다. 따라서 건강정보를 수집하여 건강관리가 효율적이고 체계적으로 이루어지도록 하는 것이 필요하다. 인공지능을 이용하여 사람의 걸음 걸이에 대한 정보를 간편하고 저렴하게 확보하여 건강관리에 활용하는 기술이 등장하였다고 한다. 아래에서는 인공지능을 적용하여 보행분석이 가능한 깔창을 소개하고자 한다.

미국 스티븐스 공과대학(Stevens Institute of Technology) 스티븐스 기술연구소(Stevens Institute of Technology)의 웨어러블 로보틱시스템 랩 연구팀은 신발을 휴대용 보행분석 실험실로 즉시 전환시키는 AI 기반의 스마트 깔창(SportSole)을 개발하였다.

연구팀은 머신러닝의 한 분야인 지원 벡터 회귀분석(SVR, support vector regression)모델을 사용하여 보행 및 주행 중 맞춤형 계측 깔창에서 기본 걸음걸이 매개변수, 즉 보폭 길이, 속도 및 발 간격의 정확한 추정치를 추출할 수 있었다. 이는 실험실이 아닌 저비용 및 웨어러블 디바이스로 실시간 걸음걸이 분석을 위한 기존의 실험실 장비에 대한 대안으로 제시되었다(인공지능신문, 2020. 3. 22).

4 대화형 인공지능 챗봇

감정노동의 대표격인 콜센터의 운영을 개선하고자 대화형 인공지능 챗봇을 개발하여 활용하는 기업들이 늘어나고 있다. 대학의 경우도 학생들의 서비스만족도 제고를 기함과 동시에 고객센터에서 상담을 하는 직원들의 업무부담을 줄이고 작업환경을 개선하기 위해 챗봇을 개발하여 운영하는 사례가 등장하였다. 아래에서는 인공지능을 이용한 대화형 챗봇의 도입사례를 소개하고자 한다.

중앙대학교는 대학혁신지원 사업의 일환으로 홈페이지 대화형 인공지능(AI) 챗봇 서비스를 오픈하였다. 중앙대 다빈치학습혁신원이 주관하고 운영 중인 중앙대 챗봇은 대학생활에 필요한 각종 정보를 맞춤형으로 제공, 인지 기반의 캠퍼스 생활을 돕기 위해 개발되었다.

이번에 오픈하는 챗봇 서비스는 그리팅 메시지, 퀵 메뉴, 질의어 자동완성 등 기존 챗봇과 차별화된 서비스를 제공한다. 또 학적과 수업, 성적, 장학, 편의시설 이용 등 대학생활 전반에 대한 정보도 제공한다.

챗봇시스템의 도입으로 학생들이 원하는 정보를 손쉽게 얻을 수 있게 되었다. 추후 지식 제공대상의 확대, 다국어 지원 등의 개선을 통해 학생들의 성장과 인공지능 교육체계 확립에 기여할 것이다(파이낸셜뉴스, 2020. 3. 19).

5 난민문제

종족 간이나 국가 간의 갈등이 끊이지 않아 지금까지도 발생하고 있는 문제가 난민문제이다. 난민문제는 그 성격상 여러 가지 문제가 복잡하게 얽혀 있어 좀처럼 해결되지 않는 현대의 난제이다. 최근 인공지능을 활용하여 난민문제를 해결하는 사례가 있어 소개하고자 한다.

인공지능을 기반으로 한 생체인식 기술의 등장으로 난민, 여행, 방문, 망명 등의 지위를 부여하는 작업이 훨씬 빠르고 저렴하면서도 정확해질 수 있다는 것을 많은 '얼리 어댑터' 정부들이 경험하고 있다.

영국의 법학 교수인 아나 베두시(Ana Beduschi)는 최근 얼굴, 방언, 이름이 발음되는 방식 등을 모바일 장비로 빠르게 분석함으로써 해당 인물의 국적을 금방 파악해 낼 수 있었으며, 망명자나 난민 지위를 얻을 수 있는지 여부를 판단하는 데에도 의미 있는 도움을 제공했다고 한다.

그 외에 말레이시아, 네팔, 방글라데시에서도 자동화된 이민자 관리 및 분류 기술이 실험되었다(보안뉴스, 2020. 3. 20).

6 코로나19 관련 서비스

백신과 치료제가 없는 바이러스로 코로나19 같은 감염병이 글로벌하게 확산되고 있어 사회적으로나 경제적으로 많은 문제가 발생하고 있다. 코로나19로 전 세계 곳곳이 봉쇄되고 교류가 단절된 이 시점에서 하루 빨리 일상으로 돌아가기 위해서는 코로나19 관련 방역 및 예방과 증상 감지시스템이 절실히 요구되고 있다. 다행히 다양한 인공지능을 활용한 방역 등 방안이 개발되어 있어 이를 소개하고자 한다.

1) 한국형 코로나19 방역시스템

서울 강동구는 빅데이터 분석을 통해 코로나19 우선방역 지역을 파악해 집중방역을 실시하고 있다. 구가 지난해 상반기 유동인구를 분석한 결과 4월 일평균 유동인구는 44만 9,703명으로 월평균 38만 6,287명에 비해 크게 증가했음을 확인하였다. 이처럼 유동인구가 급격히 많아지는 4월을 대비해 미리 3월에 집중방역을 추진한다는 계획이다. 아울러 '강동구 공적 마스크 스마트 지도'를 자체 개발해 구청 홈페이지에 공적 마스크 구매처(약국)의 위치와 판매시간 등의 정보를 제공하고 있다.

서울 영등포구는 지난해 4차 산업혁명 기술을 통해 사회문제를 해결하는 '행복커뮤니티 프로젝트'의 일환으로 SK텔레콤 등과 협력해 홀몸어르신 'ICT 돌봄서비스' 사업을 시작하였다. 저소득 홀몸어르신 300가구에 생활정보 제공, 건강관리, 감성대화, 음악감상 등 다양한 기능을 수행하는 AI스피커를 지원하여 어르신들의 고독을 달래고 우울증을 예방하는 등 효과를 거두며 좋은 반응을 얻고 있다. 올해는 기존 AI스피커에 구에서 직접 제작한 메시지를 전하는 '소식톡톡' 기능을 추가하였다. 이 기능을 활용해 고령의 홀몸어르신들에게 코로나19 예방 관련 정보를 제공하고 있다.

행정안전부는 급증하는 코로나19 자가격리자 관리업무의 효율적인 수행을 위해 '자가격리자 안전보호 앱'서비스를 시작하였다. 앱을 설치한 자가격리자는 자신의 건강상태를 스스로 진단하여 매일 2회 자동으로 통보하고, 위치정보를 실시간으로 전담공무원에게 알려준다.

서울시는 정보통신기술(ICT)을 행정에 접목해 도시문제를 해결하는 스마트시티 체제를 적극 활용해 서울의 코로나19 확진자 현황과 동선 등을 한눈에 파악하고 있다. 이를 통해 밀접 접촉자가 발생하기 전에 서울시와 자치구는 확진자가 거쳐 간 곳이나 다중이용시설 등을 신속하게 방역할 수 있다(국민일보, 2020. 3. 22).

2) 코로나 증상 감지시스템

인공지능(AI) 인프라 스타트업 '시스기어'는 신종 코로나 바이러스 감염증 확산에 대응해 무인 열감지 검역관제 솔루션인 '나노프로'를 무상 배포하기로 하였다. 이 회사는 서울시립대에 배치를 완료하였다.

시스기어가 개발한 나노프로는 AI와 엣지컴퓨팅 기술을 활용한 소프트웨어이다. 나노프로는 '이상체온 감지 시 측정 대상자와 관리자에게 긴급 알림서비스'(반응속도 0.2초) 기능 등을 탑재하고 있다. 나노프로는 이러한 기능을 활용해 24시간 무인 모니터링, 원격 통합관제가 가능하다(이코노뉴스, 2020. 3. 22).

3) 코로나19 예방서비스

국내 연구진이 손으로 얼굴을 만지는 동작을 감지해 알려 주는 인공지능 프로그램을 개발하였다. 연구진은 코로나19 예방을 돕는 차원에서 이를 무료로 일반인에게 공개하였다.

김남국 서울아산병원 융합의학과 교수와 의료영상지능실현연구실이 개발한 인공지능 프로그램 '얼굴 만지지 마세요·손 씻으세요'는 무의식적으로 얼굴을 만지는 손동작을 91%의 정확도로 감지해 알려 주는 소프트웨어이다.

인공지능이 감지하는 손으로 얼굴을 만지는 행동은 마스크 쓰고 벗기, 코 만지기, 턱 괴기, 눈 비비기, 머리 쓸기, 안경 만지기, 전화 받기 등이다(시사저널, 2020. 3. 19).

6.4. 사물인터넷으로 창출하는 사회가치

사물인터넷(IoT, internet of things)은 여러 사물을 다수의 센서로 연결하여 데이터를 생성하고 교환하는 기술이다. 사물인터넷 기술을 통해 대량의 데이터가 생성되고 있는 오늘날에는 빅데이터를 분석하는 인공지능(AI) 기술이 뒷받침되어 기업 내외부의 다양한 문제를 해결하는 것이 보다 쉬워졌다. 이러한 이유로 오늘날 기업은 사회적 가치와 경제적 가치의 창출을 동시에 이룰 수 있게 되었다.

여기서는 기업이나 조직이 4차 산업혁명의 신기술인 사물인터넷을 활용하여 사업화를 시도하여 창출한 사회가치를 유형별로 구분하고 구체적인 사례를 들어 소개하고자 한다.

1 주차공유서비스

주차난은 해결하기 어려운 현대사회의 문제 중 하나이다. 주차가 가능한 공간에 대한 정보를 공유하여 주차장이 효율적으로 활용되고, 나아가 주민들의 소득증대에도 기여할 수 있다면 금상첨화일 것이다. 사물인터넷을 활용하여 주차공유서비스를 제공하는 사례를 소개하면 다음과 같다.

양천구는 거주자우선주차장에 ARS 주차공유서비스 운영, 사물인터넷(IoT)시스템 도입까지 주민들의 만족도가 높아 확대해서 운영할 계획이다. 구는 주차장이 부족한 지역 상황을 반영해 주차난을 해소하고 구민의 주차편의를 높이기 위해 2019년 4월부터 주차공유서비스를 시작하였다.

사물인터넷 기반 주차공유서비스는 주차공유면 바닥에 차량감지센서를 설치, 주차 여부를 자동으로 감지하여 실시간 주차정보 제공이 가능하다. 이용자는 앱을 통해 빈 주차공간을 확인할 수 있다(아시아경제, 2020. 2. 27).

한편 내 집 주차장에 사물인터넷을 설치하여 빈 공간을 주민들이 공유하도록 하기도 한다. 그린파킹 구역에 사물인터넷을 접목하여 앱을 통해 빈 주차장을 확인하고 주차공간을 공유해 부가수익 창출이 가능하다. 서울시는 주택가 담장을 허물고 주차장을 만드는 '그린파킹'에 사물인터넷 기술을 확대하여 적용한다. 이를 통해 서울시는 주민들끼리 빈 주차장 현황을 공유하고 이용하는 '실시간 주차공유서비스'를 본격적으로 시작한다.

서울시는 그린파킹 주차면 바닥에 부착된 사물인터넷 센서가 차량 유무를 감지하도록 해 이용자들이 실시간 주차정보를 확인할 수 있도록 할 계획이다. 주민들은 자신의 주차공간을 빌려 주면서 부가수익(사용요금)도 얻을 수 있다(이데일리, 2020. 3. 5).

2 독거노인 관리서비스

고령사회를 맞아 고독사가 커다란 사회문제가 되고 있다. 핵가족화에 따른 1인가구의 증가와 이웃과의 교류가 없는 생활공간이 많아짐에 따라 옆집에서 거주하는 사람이 사망하더라도 이를 알지 못하고 방치하는 경우가 다수 있다. 그러나 사물인터넷을 활용하여 이러한 문제를 해결할 수 있는 가능성이 엿보인다고 하여 그 사례를 소개하고자 한다.

서울시는 건강 및 사회적 관계망 등 취약어르신 가정에 움직임 및 온도·습도·조도 등을 감지하는 환경데이터 수집 센서를 설치하고 감지된 데이터를 각 수행기관의 상황판과 담당 생활지원사의 휴대전화 앱을 이용하여 실시간 모니터링한다.

일정 시간 동안 활동 움직임이 감지되지 않거나 온도·습도·조도 등에 이상징후가 의심될 경우 담당 생활지원사가 즉시 어르신 가정에 연락 및 방문하고 119에 신고하는 등 긴급조치를 한다.

더불어 청각장애로 인해 전화 안부확인이 어렵거나 자발적 은둔 및 우울증 등으로 방문확인을 꺼려 건강·안전관리가 어려웠던 고위험 홀몸어르신도 실시간 움직임 모니터링을 통해 안전확인이 가능하다.

이 외에도 IoT 기기에서 감지된 온도·습도 데이터를 활용, 지역사회 자원을 연계해 현관방충망을 설치하는 등 홀몸어르신의 주거환경을 개선하였다.

특히 IoT 기기를 통해 돌봄서비스를 지원했던 가구에서는 사업 수행 이래 단 한 건의 고독사도 발생되지 않았다(뉴스핌, 2020. 3. 5).

③ 대기질 측정과 미세먼지 측정시스템

아침에 일어나면 미세먼지와 초미세먼지의 농도를 확인하는 것이 일상이 된 지 오래이다. 미세먼지와 초미세먼지의 농도에 따라 그날 해야 할 활동이 변경되기도 한다. 그리고 미세먼지와 초미세먼지가 우리의 건강을 해치고 수명을 단축시키기도 한다. 이렇게 중요한 정보를 쉽게 확인할 수 있는 측정시스템을 사물인터넷을 이용하여 마련한 사례를 소개하면 다음과 같다.

군포시와 KT는 IoT 기반 1등급 미세먼지 측정기를 활용해 관내 대기질 정보를 앱으로 제공한다. 협약에 따라 KT는 IoT 기반 인프라를 활용해 초미세먼지 농도, 온도, 습도 등 대기질을 실시간으로 수집·분석해 군포시에 제공한다. 군포시는 KT·국가측정망 데이터를 활용해 지역별 미세먼지 발생현황 등을 분석한다. 양 기관은 이를 토대로 미세먼지 발생원 감시, 관내 미세먼지 저감을 위한 솔루션 등 종합 대응책을 마련할 예정이다(NSP통신, 2020. 3. 4).

서초구는 날로 심각해지는 미래환경 위협에 대처하기 위해 자가 사물인터넷망(LoRa)을 활용한 '미세먼지 세밀 측정시스템'을 구축해 운영한다. 서초구는 환경부 성능평가 2회(1차 실내, 2차 실외)를 거쳐 최고등급인 1등급 판정을 받은 '미세먼지 세밀 측정시스템'을 개발하여 설치 완료하였다.

이번 시스템 구축으로 주민들은 내 집 주변 미세먼지를 바로 확인하고 야외활동 가능 및 창문개방 여부 등을 판단할 수 있게 되었다. 한편 소관 부서에서는 온도와 습도 현황을 활용한 화재감지, 공사장 주변 소음수치를 확인해 소음민원의 사전 해결, 빅데이터를 활용한 다양한 정책 개발 등이 가능해졌다(아시아경제, 2020. 2. 19).

4 건축물 소방시설 상태 점검과 화재감시 및 보안시스템

건축물의 소방시설 상태 점검, 화재감지, 그리고 보안문제는 그 중요성을 아무리 강조해도 지나침이 없을 정도이다. 그러나 이러한 문제들은 인력, 시설 및 예산의 한계로 소홀히 하기 쉽다. 사물인터넷을 활용하여 저비용으로 이러한 문제들을 해결한 사례가 있어 소개하고자 한다.

1) 건축물 소방시설 상태 점검

서울시는 사물인터넷(IoT)을 활용한 '실시간 소방시설 관리시스템'을 본격적으로 운영한다. 실시간 소방시설 관리시스템이 가동되면 건축물에 설치된 소방시설의 작동상태를 실시간으로 확인할 수 있다. 현재 서울 717개 건물에 설치했으며, 관할 소방서가 초 단위로 정상작동 여부를 확인할 수 있다.

소방공무원 인원으로 점검할 수 있는 건물 수에 한계가 있어 상시 관리할 수 있는 시스템을 도입하였다. 서울시는 이 시스템을 점차 확대해 건축물의 화재안전등급 분류에도 적용할 계획이다(연합뉴스, 2020. 1. 20).

2) 화재감시시스템

서초구는 전국에서 유일하게 자가통신망(Self-LoRa Network)을 보유한 장점을 활용해 IoT서비스를 시행 중이다. 잠원동 나루마을, 방배2동 전원마을 등 무허가 집단촌 6개 마을 238세대에 화재감시센서 300대를 설치한 후 안내방송시스템 및 소방서를 연계해 화재시 초동대처 시간을 단축시키고 인명피해를 최소화시킬 수 있는 프로세스를 만들었다(아시아경제, 2020. 2. 19).

3) 보안시스템

SK텔레콤은 ADT캡스와 함께 공동주택 환경에 적용할 수 있는 캡스 스마트빌리지 서비스를 출시하였다. 캡스 스마트빌리지 서비스는 사물인터넷(IoT)과 보안서비스를 결합한 상품이다.

캡스 스마트빌리지를 활용하면 기존에는 관리실을 직접 방문하거나 인터폰, 전화 등을 이용해야 했던 단지 내 출동, 순찰 요청, 세대 방범 강화 요청, 방문차량 예약관리, 커뮤니티 예약관리 등을 전용 애플리케이션을 통해 간편하게 신청할 수 있다.

또한 스마트홈3.0의 주요 기능인 가정 전체의 사물인터넷기기 제어, 공동현관문 자동출입, 주차위치 확인, 무인택배 도착 알림, 단지 내 투표 등도 하나의 애플리케이션에서 이용할 수 있다(비즈니스포스트, 2020. 3. 12).

5 문화재 안전관리

문화재는 한 번 훼손되면 복구하기가 쉽지 않다. 그래서 안전하게 보존하기 위해 항상 주의를 기울여야 한다. 그럼에도 불구하고 널리 흩어져 있는 문화재를 안전하게 관리하기는 쉽지 않다. 사물인터넷을 활용하면 이 문제를 해결할 수 있다. 아래에서는 이러한 사례를 소개하고자 한다.

경기 양주시는 문화재에 대한 안전관리체계 강화를 위해 4차 산업혁명의 핵심기반인 사물인터넷(IoT) 기술을 접목한 첨단방재시스템을 구축하였다. 시스템은 문화재 원형 보존에 지장이 없는 사물인 터넷 기반 신기술과 침입 감지센서, 지능형 CCTV 등으로 구성되었으며 양주시 통합관제센터와 24시간 연계해 훼손, 도난, 화재에 대한 감시가 가능하다.

문화재 주변에 침입자가 있을 경우 감지센서가 작동하고 지능형 CCTV가 침입자의 행동을 촬영해 상황 발생 시 즉시 출동하는 등 초기대응 시간을 단축할 수 있어 문화재를 효과적으로 보호할 것으로 기대하고 있다(이데일리, 2020. 2. 28).

6 직원 건강지원 및 안전관리시스템

기업의 사회적 책임 중 하나가 종업원에 대한 책임이다. 기업은 직원들의 건강 및 안전을 보장해야 할 책임과 의무가 있다. 그러나 예산과 시설, 인력의 부족으로 이러한 책임의 이행이 쉽지 않다. 사물인터넷을 이용하여 직원의 건강과 안전관리를 효율적으로 하는 시스템을 구축한 사례를 소개하고자 한다.

1) 직원 건강지원시스템

한전KDN이 밤샘 근무와 조기출근으로 안전의 사각지대에 놓일 수 있는 시설관리 근로자들을 대상으로 '건강지원시스템'을 도입해서 운영하고 있다. 이 시스템은 주야 교대로 업무를 수행해야 하는 경비업무와 조기출근이 일상화되어 있는 미화분야 시설관리자들에게 헬스밴드를 지급해 근무 시 체온·심박수·위치정보·산소포화도·심박변이도 등 건강정보를 수시 체크해 안전재해에 사전 대처하기 위한 것이다.

한전KDN은 이 시스템의 의미와 기능을 알리는 설명회를 갖고 본인들의 동의를 얻어 희망자들에게 밴드수여식을 시행하는 등 당사자들의 적극적인 참여를 유도하는 한편 향후 전체 시설관리 근로자에게 확대해서 시행될 수 있도록 할 계획이다(CEO스코어데일리, 2020. 2. 6).

2) 안전관리시스템

포스코건설이 사물인터넷(IoT) 기술을 융합한 통합형 안전관리시스템인 '스마트 세이프티 솔루션'을 구축 중이다. 포스코건설에 따르면, 카메라와 드론, CCTV와 개소별 센서 등 안전기술로 모은 실시간 현장정보를 휴대폰으로 확인할 수 있다. 비상시에는 전 현장 혹은 해당 구역 노동자에게 안전조치를 바로 지시할 수 있다.

여러 감시망으로 사각지대를 최소화하고 있다. 먼저 타워크레인에 설치된 360도 카메라를 통해 불안전요소가 발견되면 관계자에게 알람이 전달되며 주변 또는 모든 노동자에게 경고방송과 함께 안전수칙 준수 메시지가 즉각 발송된다.

안전사고 예방도 가능하다. 밀폐된 공간에 가스센서와 신호등형 전광판을 설치하여 실시간으로 '스마트 상황판'에 가스농도를 전송하고 위험상황을 감시한다.

현재 '스마트 세이프티 솔루션'은 전북 군산시 조촌동 '더샵 군산 디오션시티' 공동주택 현장에 시범적용 중이다. 포스코건설은 향후 모든 현장에 안전관리시스템을 확대해서 적용할 방침이다(한국일보, 2020. 2. 25).

7 장애학생 지원

장애인에 대한 지원은 항상 요구되고 있으나 예산, 인력, 시설 등의 부족으로 소홀히 하기 쉬운 분야이다. 사물인터넷을 활용하여 보다 효율적으로 중도중복장애 특수학급을 운영하는 것이 가능해졌다. 그 사례를 소개하면 다음과 같다.

모닛은 스마트폰에 기저귀의 대소변 상황이 전송되도록 하는 센서 기반의 사물인터넷 서비스를 개발하였다.

일반학교에 중도중복장애 특수학급을 설치한 인천시교육청은 보조공학기기 및 의료적 지원을 지속적으로 확대해 오고 있으며, 이러한 지원의 일환으로 사물인터넷업체인 모닛의 협력을 연계하는 등 중도중복장애 특수학급 운영에 첨단기술을 적극 도입하고 있다(뉴스렙, 2020. 3. 10).

8 대기전력 없는 세상

친환경에너지 사용과 기후변화에 대한 적극적인 대응으로 지구를 보존하는 것이 오늘을 살아가는 우리의 중요한 책무이다. 앞에서 다양한 사회문제를 해결하기 위해 사물인터넷을 활용한 사례를 살펴보았는데, 그 기술로 인하여 발생하는 소요전력이 또 다른 문제가 될 수 있다. 사물인터넷을 이용하여 이 문제를 해결한 사례가 있어 소개하고자 한다.

네트워크 대기전력은 제품이 주요 기능을 수행하지 않을 때에도 네트워크에 연결되어 소비되는 전력이다. 기존에 제품이 꺼진 상태로 플러그만 연결되어 소비되는 대기전력보다 네트워크 대기전력은 최대 10배 이상 전력을 소모한다.

예텍이 개발한 'IoT 제로 와트 스위치'는 태양광이나 전기 불빛처럼 버려지는 에너지를 전력으로 활용하는 에너지 하베스팅으로 스마트 기기를 작동시킬 수 있다. 또한 에너지 하베스팅을 할 수 없는 환경에서는 슈퍼커패시터 또는 배터리를 통해 저장된 에너지를 활용하여 통신을 가능하게 하면서 스마트기기의 대기전력을 0W로 만든다(서울경제, 2020. 3. 3).

9 국제 수산물이력 추적

글로벌시대에 국제간 수산물의 이동은 매우 빈번하다. 그런데 국제간에 이동되는 수산물의 이력을 알 수 없어 소비자들이 많이 불안해 하고 있다. 사물인터넷을 활용하여 이 문제를 해결하는 데 성공한 사례가 있어 소개하고자 한다.

KAIST가 주요 먹거리인 수산물의 안전한 공급과 불법유통 방지, 멸종위기 해양생물을 보존하기 위한 방법을 찾기 위해 개발한 것이

'올리옷'이다. 올리옷은 데이터 기반 국제표준 사물인터넷 플랫폼으로서 참가자들이 수산물과 해양생물의 일생 데이터를 공유하고 혁신적 서비스를 개발하는 데 이용 가능하다(디지털타임스, 2019. 10. 21).

6.5. 마무리하기

이 장에서는 4차 산업혁명의 신기술 중 주요 기술인 블록체인, 인공지능, 사물인터넷을 중심으로 하는 사회가치의 창출, 나아가 공유가치의 창출이 이루어지는 현장의 사례를 알아보았다.

여기서 소개한 신기술(블록체인, 인공지능, 사물인터넷)을 활용한 서비스의 사례는 네이버 포털을 통해 단기간에 검색한 내용임에도 불구하고 많은 분야의 서비스가 개발되어 제공되고 있음을 확인할 수 있다. 이번 조사 이전에도 4차 산업혁명의 신기술들이 우리 주변에 널리 적용되어 왔을 것이고, 조사 이후에도 많은 기술들이 실제에 적용될 것으로 보인다.

이 장에서 소개한 다양한 기술유형별 사업모델은 사회적 가치와 더불어 경제적 가치를 창출하는 공유가치창출과 관련된 것이다. 그리고 이러한 공유가치창출은 신기술의 등장으로 가능해졌다. 이제 많은 기업들이 사회적 문제를 해결하면서 동시에 경제적 이익을 추구할 수 있는 사업모델에 관심을 더 가져야 한다.

그동안 공유가치창출을 하는 사업을 하고자 해도 문제를 해결하는 데 기술적인 어려움이 있어서 성공하지 못하는 경우가 많았다. 이제 문제를 해결해 주는 신기술이 속속 등장하고 실제 문제에 적용되는 사례도 늘어 가고 있으므로 많은 기업과 스타트업 및 예비창업자들이 강한 의지를 갖고 적극적으로 도전해 보기를 권한다.

우리 주변에는 신뢰할 만한 투표시스템, 투명한 기부나 후원, 정직한 식자재 이력 추적, 저작권 관리 등과 관련된 사회적 문제들이 많이 있다. 이러한 문제들을 해결함과 동시에 자연스럽게 경제적 이익을 추구할 수 있다면 금상첨화가 아닐 수 없다. 공유가치창출이 이루어지면 우리 사회는 그만큼 투명하고 신뢰도 높은 이상사회에 가까이 갈 수 있을 것이다.

| 제1장 |

백삼균(1986), "기업관과 기업목표관에 관한 연구", 『논문집』, 제6집, 한국방송통신대학, pp. 465-488.

Abrams, F. W.(1951), "Management's Responsibilities in a Complex World", In T. H. Caroll(1954), *Business Education for Competence and Responsibility*, University of North Carolina Press.

Ansoff, H. I.(1965), *Corporate Strategy*, McGraw Hill, Inc.

Anthony, R. N.(1960), "The Trouble with Profit Maximization", *Harvard Business Review*, Vol. 38, No. 6, pp. 127-134.

Baran, P. & Sweezy, P.(1979), *Monopoly Capital*, Penguin Books.

Cyert, R. M. & March, J. G.(1963), *A Behavioral Theory of The Firm*, Prentice-Hall, Inc.

Drucker, P. F.(1977), *People and Performance: The Best of Peter Drucker on Management*, Harper's College Press.

Eells, R.(1960), *The Meaning of Modern Business: An Introduction to The Philosophy of Large Corporate Enterprise*, Columbia University Press.

Hay, R. & Gray E.(1974), "Social Responsibilities of Business Managers", *Academy of Management Journal*, (March), pp. 135-143.

Leavitt, T.(1958), "Dangers of Social Responsibility", *Harvard Business Review*, (Sept.-Oct.), pp. 41-49.

McGuire, J. W.(1964), *Theories of Business Behavior*, Prentice-Hall.

Shetty, Y. K.(1979), "New Look at Corporate Goals", *California Management Review*, (Winter), pp. 71-78.

Simon, H. A.(1976), *Administrative Behavior*, Macmillan Publishing Co., Inc.

| 제2장 |

백삼균(1984), "현대기업경영과 사회적 책임", 『논문집』, 제2집, 한국방송통신대학, pp. 311-333.

Davis, K. & Blomstrom, R. L.(1975), *Business And Society: Environment and Responsibility*, McGraw Hill, Inc.

Davis R. C.(1959), "A Philosophy of Management", *Advanced Management Journal*, (April), p. 5.

Drucker, P. F.(1977), *People and Performance: The Best of Peter Drucker on Management*, Harper's College Press.

Elbing, A. O.(1970), "The Value Issue of Business", *Academy of Management Journal*, (March), pp. 78-85.

Ells, R. & Walton, C.(1974), *Conceptual Foundations of Business*, Richard D. Irwin, Inc.

Hay, R. & Gray, E.(1974), "Social Responsibilities of Business Managers", *Academy of Management Journal*, (March), pp. 135-143.

Kast, F. E. & Rosenzweig, J. E.(1980), *Organization and Management: A Systems and Contingency Approach*, McGraw Hill Kogakusha, Ltd.

Massie, J. L.(1979), *Essentials of Management*, Prentice-Hall, Inc.

Nicholson, E. A., Litshert, R. J., & Anthony, P.(1974), *Business Responsibility and Social Issue*, Charles E. Merill Publishing, Co.

Pearce, II J. A.(1982), "The Company Mission As a Strategic Tool", *Sloan Management Review*, (Spring), pp. 15-24.

Plato(1956), *Greate Dialogues of Plato*, The New American Library.

Rivlin, C. A.(1983), "The Corporate Role in the Not-So-Great Society", *California Management Review*, (Summer), pp. 151-159.

Sethi, S. P.(1975), *Japanese Business and Social Conflict: A Comparative Analysis of Response Patterns with American Business*, Ballinger.

Sherman, U. C.(1968), "Business Ethics: Analysis and Philosophy", *Personal Journal*, (April), pp. 271-277.

Shetty, Y. K.(1979), "New Look at Corporate Goals", *California Management Review*, (Winter), pp. 71-78.

Steiner, G. A.(1975), *Business and Society*, Random House Inc.

Sturdivant, F. D.(1981), *Business and Society: A Managerial Approach*, Richard D. Irwin, Inc.

Walton, C. C.(1967), *Corporate Social Responsibilities*, Wadsworth Publisher.

Wolf, W. B., "Changing Social Values and Their Impact Upon Business", In Nicholson, Litshert and Anthony(1974), *Business Responsibility and Social Issue*, Charles E. Merill Publishing, Co.

| 제3장 |

김정원(1991), "DUPONT의 인사관리전략(CDP)", 『초우량다국적기업의 인사관리』, 올기업문화연구원, pp. 61-77.

노사카 이쿠지로 외, 삼성출판사 편집국 역(1990), 『3M의 도전』, 삼성출판사.

노엘 M. 티키 외, 박영종 역(1995), 『개혁을 추구하는 리더십』, 21세기북스.

러브, J. F., 삼성출판사 편집국 역(1990), 『맥도날드』, 삼성출판사.

로버트 H. 워터맨, 송경근 역(1995), 『팀경영 & 조직학습: 탁월한 사례』, 한언.

백삼균(1991), "경영혁신의 일환으로서 문화경영의 필요성과 원리", 『노사관계연구』, 제2권, 서울대학교 노사관계연구소, pp. 221-248.

백삼균(1993), "기업문화와 조직유효성", 『논문집』, 제16집, 한국방송통신대학교, pp. 409-432.

백삼균(1995), "전략적 비전과 이념: 새로운 경영패러다임으로서 문화경영을 어떻게 개발할 것인가?", 『논문집』, 제19집, 한국방송통신대학교.

백삼균(1997), "신경영패러다임으로서 문화경영", 『노사관계연구』, 제8권, 서울대학교 노사관계연구소.

백삼균(2001), "신뢰경영", 『논문집』, 제32집, 한국방송통신대학교.

백삼균(2006), "가치 중심의 경영", 『논문집』, 제41집, 한국방송통신대학교.

백삼균(2012), "녹색경영을 넘어 지속가능경영으로", 『KNOU논총』, 제53집, 한국방송통신대학교.

백삼균(2013), "비전과 이념에 의한 경영사례연구", 『KNOU논총』, 제56집, 한국방송통신대학교, pp. 103-124.

벅 로저스, 삼성출판사 편집국 역(1990), 『IBM전략』, 삼성출판사.

이학종(1989), 『기업문화론: 이론, 기법, 사례연구』, 법문사.

조혜정(2013), "18년 동안의 고독과 독서", 『한겨레21』, 제955호.

한국방송통신대학교출판부(2003), 출판부 발전 5개년 계획과 2003년도 전략과제 추진계획.

Barnard, C. I.(1938), *The Functions of The Executive*, Harvard University Press.

Kaplan, R. S. & Norton, D. P.(1992), "The Balanced Scorecard: Measures that Drive Performance", *Harvard Business Review*, Vol. 70, No. 1, pp. 71-79.

Lewin, K.(1951), *Field Theory in Social Science*, Harper & Row.

Porter, M. E. & Kramer, M. R.(2006), "Strategy and Society: The Link between Competitive Advantage and Corporate Social Responsibility", *Harvard Business Review*, Vol. 84, No. 12, pp. 78-92.

Tichy Noel M. & Sherman Stratford(1994), *Control Your Destiny or Someone Else Will*, Harper Business.

경향신문, 2009. 9. 18.

교수신문, 2012. 11. 19.

매일경제신문, 2012. 5. 22.

매일경제신문, 2013. 6. 17.

매일경제신문, 2013. 6. 26.

문화일보, 2009. 11. 21.

방송대신문, 2008. 11. 3.

방송대신문, 2013. 6. 14.

방송대신문, 2013. 6. 17.

서울신문, 2007. 9. 28.

세계일보, 2005. 1. 30.

아주경제, 2013. 6. 3.

전자신문, 2013. 3. 21.

조선일보, 2010. 3. 22.

조선일보, 2010. 4. 18.

조선일보, 2013. 7. 6.

한국경제, 2007. 4. 29.

학습사회만들기 포럼 운영규정(2008. 10. 2. 제정)

학습사회만들기 포럼카페(http://cafe.daum.net/knoukg)

한국방송통신대학교 경기지역대학 홈페이지(http://wgyeonggi.knou.ac.kr)

한국방송통신대학교 경기지역산학협력단, 창업보육센터 운영규정(2010. 3. 26. 제정)

제4장

금명기 · 윤수영 · 오재인(2011), "조직의 성과와 지속가능경영", 한국경영정
　　보학회 추계통합학술대회, pp. 256-284.

김강(2012), "지속가능경영이 장단기 경영성과에 미치는 영향", 『회계연구』,
　　제17권 제4호, 대한회계학회, pp. 95-118.

김영식 · 위정범(2011), "기업의 사회적 활동과 재무적 성과의 통합적 고찰",
　　『대한경영학회지』, 제24권 제5호(통권 88호), pp. 2013-2050.

김은숙 · 조형기 · 신종화(2013), "기업의 지속가능경영활동이 재무성과(평균
　　주가 상승률)에 미치는 영향", 『대한경영학회지』, 춘계학술발표대회 발
　　표논문집, pp. 381-397.

박종철 · 오민정 · 홍성준(2010), "기업의 지속가능경영 노력이 제품평가에 미
　　치는 영향: 신뢰와 호혜성 지각의 매개역할", 『마케팅관리연구』, 제5권
　　제3호, pp. 45-69.

박종철 · 이광현(2009), "기업의 지속가능경영 노력이 기업신뢰 및 고객만족
　　도에 미치는 영향", 『한국산업경제저널』, 제1권 제2호, pp. 1-22.

백삼균(2014), "지속가능경영의 활성화방안", 『KNOU논총』, 제57집, 한국
　　방송통신대학교, pp. 1-24.

백삼균 · 민남식(2008), 『경영학특강』, 한국방송통신대학교출판부.

백평구 · 김창수 · 이현주(2013), "지속가능경영 우수기업의 교육훈련투자 안
　　정성이 종업원복지와 경영성과에 미치는 영향", 『대한경영학회지』, 제
　　26권 제7호, pp. 1845-1864.

신철호 · 김재은(2008), "지속가능경영의 현황과 과제", 『임금연구』, 가을호,
　　pp. 72-81.

윤대혁(2011), "지속가능경영의 인식이 구성원의 직무태도에 미치는 영향",
　　『인적자원관리연구』, 제18권 3호, pp. 179-201.

윤승현 · 이주헌(2013), "지속가능경영 프로그램사례 및 지속가능경영활동 우
　　선순위 인식에 대한 연구", 『한국창업학회지』, 제8권 제2호, pp. 55-73.

진윤정·안윤기(2007), "지속가능경영을 위한 이해관계자관리방안", 『환경경영연구』, 제5권 제1호, pp. 19-43.

홍성태·안치용·이한석(2012), "지속가능경영이 기업의 명성에 미치는 영향", 『한국항공경영학회지』, 제10권 제4호, pp. 187-205.

황혜진(2012), "고객이 지각하는 항공사의 지속가능경영활동이 기업이미지에 미치는 영향", 『관광레저연구』, 제24권 제1호, pp. 219-238.

Donna, F. Falloon(2013), Sustainable Management: Are Business Courses Giving Students Skills Needed to Manage Towards Sustainability?, Ph. D. Thesis, Capella University.

Epstein, M. J.(2008), *Making Sustainability Work: Best Practices in Managing and Measuring Corporate Social, Environmental and Economic Impacts,* Greenleaf Publishing Ltd.

Lowitt, E.(2011), *The Future of Value: How Sustainability Creates Value Through Competitive Differentiation,* Jossey-Bass.

McElroy, M. W. & van Engelen, J. M. L.(2012), *Corporate Sustainability Management: The Art and Science of Managing Non-Financial Performance,* Earthscan.

Savitz, A. W.(2006), *The Triple Bottom Line: How Today's Best-Run Companies Are Achieving Economic, Social and Environmental Success and How You Can Too,* John Wiley & Sons, Inc.

Stibbe, A.(2011), *The Handbook of Sustainability Literacy: Skills for A Changing World,* Greenbooks Ltd.

Young, S. T. & Dhanda, K. K.(2013), *Sustainability: Essentials for Business,* SAGE Publications, Inc.

뉴스핌, 2013. 10. 30.

미디어인천신문, 2013. 10. 16.

서울경제, 2013. 10. 16.

서울파이낸스, 2013. 12. 6.

아시아타임즈, 2013. 10. 16.

아주경제, 2013. 10. 31.

아주경제, 2013. 12. 10.

이코노믹리뷰, 2013. 10. 23.

이투데이, 2013. 12. 10.

푸드투데이, 2013. 10. 16.

한국경제, 2013. 12. 9.

한국생산성본부, 2013 지속가능지수 컨퍼런스 보도자료.

헤럴드경제, 2013. 12. 10.

Business Watch, 2013. 11. 18.

지속가능경영 포털(http://www.csr-korea.net)

표준협회 2013 한국 지속가능성 대회 포털(http://www.ksi.or.kr)

| 제5장 |

김경묵(2014), "공급 네트워크에서의 공유가치 창출(CSV)", 『지식경영연구』, 제15권 제3호, pp. 188-207.

김세중·박의범(2012), "한국기업 CSR활동의 공유가치창출에 관한 실증연구", 『로고스경영연구』, 제10권 제4호, pp. 1-28.

나종연 등(2014), "공유가치창출(CSV) 시대의 소비자 연구 제안", 『소비자학연구』, 제25권 제3호, pp. 141-162.

박병진·김도희(2013), "공유가치창출(CSV) 관점에서 본 CJ제일제당의 동반성장 추진사례", 『KBR』, 제17권 제2호, pp. 72-99.

배병한 등(2012), "BSC도입기업의 공유가치창출(CSV)지표와 기업가치의 관련성", 『경영과 정보연구』, 제31권 제4호, pp. 491-516.

백삼균(2015), "공유가치창출 경영의 사례연구", 『KNOU논총』, 제59집, 한국방송통신대학교, pp. 19-34.

신세원·김원택(2013), "공유가치의 창출을 위한 디자인 사회적 기업 비즈니스 모델연구", *Design Convergence Study 43*, Vol. 12, No. 6, pp. 384-400.

윤각·이은주(2014), "기업의 사회적 책임(CSR)과 공유가치창출(CSV)의 효과에 관한 연구: 자기효능감과 관여도를 중심으로", 『광고학연구』, 제25권 2호, pp. 53-72.

조형례 등(2011), "공유가치창출(CSV)에 기반한 지속가능 경영혁신모델 구축방안", 『지속가능연구』, 제2권 제3호, pp. 57-80.

천혜정 등(2014), "공유가치창출을 위한 기업의 역할 변화와 소비자 참여", 『소비자학연구』, 제25권 제3호, pp. 1-19.

최다운 등(2013), "공유가치창출을 실현하는 기업이 이해관계자들에게 미치는 영향", 『한국전략경영학회 추계학술대회자료집』, pp. 213-243.

Ghasemi, S., Nazemi, M., & Hajirahimian, T.(2014), "From Corporate Social Responsibility(CSR) to Creating Shared Value(CSV): Case Study of Mobarakeh Steel Company", *Global Business and Management Research: An International Journal*, Vol. 6, No. 1. pp. 15-23.

Hans Joehr(Nestlée), interviewed by Nina Kruschwitz(2013), "Creating Shared Value at Nestlée", *Mit Sloan Management Review*, Sept.

Michelini, L. & Fiorentino, D.(2012), "New business models for creating shared value", *Social Responsibility Journalvol*, Vol. 8 No. 4, pp. 561-577.

Pirson, M.(2012), "Social Entrepreneurs as The Paragons of Shared Value Creation? A Critical Perspective", *Social Enterprise Journal*, Vol. 8, No. 1, pp. 31-48.

Porter, M. E. & Kramer, M. R.(2011), "Creating Shared Value", *HBR*, January.

Spitzeck, H. & Chapman, S.(2012), "Creating shared value as a

differentiation strategy-the example of BASF in Brazil", *Corporate Governance*, Vol. 12, No. 4, pp. 499-513.
국민일보, 2014. 11. 24.
매일경제, 2014. 11. 21.
머니투데이, 2014. 11. 30.
서울파이낸스, 2014. 11. 28.
세계닷컴, 2014. 12. 1.
아주경제, 2014. 11. 27.
임팩트 비즈니스 리뷰, 2011. 9. 18.
파이낸셜뉴스, 2014. 11. 30.
http://bfdonor.tistory.com
http://bfdonor.tistory.com/237

| 제6장 |

클라우스 슈밥, 송경진 역(2016), 『클라우스 슈밥의 4차 산업혁명』, 새로운 현재.
교통신문, 2020. 3. 12.
국민일보, 2020. 3. 22.
글로벌경제신문, 2020. 3. 17.
뉴스렙, 2020. 3. 10.
뉴스핌, 2020. 3. 5.
디지털타임스, 2019. 10. 21.
디지털투데이, 2020. 3. 12.
보안뉴스, 2020. 3. 20.
비즈니스포스트, 2020. 3. 12.
서울경제, 2020. 2. 25.

서울경제, 2020. 3. 3.

시사저널, 2020. 3. 19.

아시아경제, 2020. 2. 19.

아시아경제, 2020. 2. 27.

연합뉴스, 2020. 1. 20.

연합뉴스, 2020. 2. 10.

이데일리, 2020. 2. 28.

이데일리, 2020. 3. 5.

이코노뉴스, 2020. 3. 22.

인공지능신문, 2020. 3. 22.

전자신문, 2020. 1. 8.

조선비즈, 2019. 7. 18.

조선비즈, 2019. 9. 19.

조선일보, 2020. 2. 10.

파이낸셜뉴스, 2020. 3. 2.

파이낸셜뉴스, 2020. 3. 4.

파이낸셜뉴스, 2020. 3. 9.

파이낸셜뉴스, 2020. 3. 18.

파이낸셜뉴스, 2020. 3. 19.

한국경제, 2020. 3. 17.

한국일보, 2020. 2. 25.

CEO스코어데일리, 2020. 2. 6.

NSP통신, 2020. 3. 4.

UPI뉴스, 2020. 3. 19.

찾아보기